Camila Sánchez
Arturo Saldívar

KILLER QUAKE

AGUILAR

El papel utilizado para la impresión de este libro ha sido fabricado a partir de madera procedente de bosques y plantaciones gestionadas con los más altos estándares ambientales, garantizando una explotación de los recursos sostenible con el medio ambiente y beneficiosa para las personas.

Busca el Cómo

Primera edición: junio, 2024

D. R. © 2024, Arturo Saldívar y Camila Sánchez

D. R. © 2024, derechos de edición mundiales en lengua castellana:
Penguin Random House Grupo Editorial, S. A. de C. V.
Blvd. Miguel de Cervantes Saavedra núm. 301, 1er piso,
colonia Granada, alcaldía Miguel Hidalgo, C. P. 11520,
Ciudad de México

penguinlibros.com

D. R. © 2024, Killer Quake/ J. M. Garscía / Rodrigo Solís, por las ilustraciones de portada e interiores
Diseño de interiores: Ana Paula Dávila

ISBN: 978-607-384-343-0
Impreso en México – *Printed in Mexico*

Impreso en los talleres de Litográfica Ingramex, S.A. de C.V.

Dedicatoria de Arturo

A todos los que alguna vez han pensado que nada tiene sentido,
a los que llaman locos, a los que se han perdido y encontrado, a los que
no son cuadrados sino circulares, a los que creen que se puede crear
un mundo mejor para todos desde la diferencia y rareza de cada uno.
A ti que te gusta conocer nuevos caminos y que estás dispuesto a explorarlos.
Este libro lo escribimos para todos nosotros... sigamos buscando el cómo.

Dedicatoria de Camila

A Rodrigo, mi compañero y equipo de vida.
A Tito y Jero, que sigamos siempre inspirándonos creativamente.
A Lía, que la creatividad te acompañe en cada momento de tu vida.

Dedicatoria de Killer Quake

A la creatividad, que nos sigue motivando a salir de la cama todos los días.

I WANT YOU
TO BE CREATIVE

(quiero que seas creativo)

INTRODUCCIÓN

Has pasado toda tu vida engañado: vivir de la creatividad sí es posible. La creatividad es una fuente inagotable de recursos. Y uno de ellos se llama dinero. Los autores de este libro trabajamos y vivimos de nuestra creatividad. Y tú también puedes hacerlo. Este libro te ayudará a encontrarte con tus procesos creativos y compararlos con los de los otros, porque entender e identificar estos procesos te ayudará a ver desde otra perspectiva a la creatividad, y a utilizar herramientas que funcionan para potenciarla. A través de nuestras experiencias en grandes empresas nosotros hemos aprendido a conectar con la esencia creativa día con día.

Existe una creencia popular de que la creatividad es una herramienta exclusiva de los artistas o personas con algún talento o habilidad artística, pero la realidad es que es una capacidad que tenemos todos los seres humanos y podemos desarrollarla tanto como nos lo propongamos. La creatividad no es exclusiva del arte. Vivir creativamente es estar siempre curioso, es *buscar el cómo* de todo lo que te imaginas hacer. Por eso creemos que vivir creativa y curiosamente es vivir de verdad, pero para hacerlo, para experimentar una vida en completa curiosidad es necesaria mucha valentía. De verdad, vivir con miedo de ser curiosos y creativos es como dejar de vivir.

En palabras del escritor e impulsor de una nueva conciencia Sergi Torres: "Lo importante es la apertura mental a lo desconocido".

La creatividad puede aparecer en un despacho contable y ahorrarle millones de pesos a una empresa. Una de las mayores falacias es atribuir la creatividad solo a los artistas, pues no es así. Vean al Lobo de Wall Street (ese pícaro ladrón no es buen ejemplo, pero ya entienden). Un doctor no es un artista y gracias a su creatividad salva vidas.

Así pues, *Busca el Cómo* nace de la inquietud de poner en la mesa temas prácticos que no se están tocando en la conversación creativa. Todas las personas, en nuestro existir diario en este mundo al que llamamos Tierra, somos seres creativos, pero no todos llevamos una práctica consciente y activa que se enfoque en el desarrollo de nuestras capacidades creativas, es necesario ejercitar esta mágica habilidad para experimentar nuestro máximo potencial creativo. Camila es escritora y periodista. Arturo es productor en la industria del entretenimiento. Y lo que nos une es que nos dedicamos con todas nuestras fuerzas a generar espacios de confianza en

donde podamos hablar sin juicios y prejuicios sobre lo que nos pasa día a día siendo directores de nuestras respectivas áreas creativas.

La primera vez que conocí a Arturo fue un detonante de creatividad y sucedió más o menos así: mi jefe de la radio me llamó a su oficina —junto con mi compañero y amigo Leo Moreno— para presentarnos, a través de Zoom, a un tal Arturo Saldívar. Ahí lo vi por primera vez, en esa ventanita de la pantalla de la computadora, con unos rizos locos que caían sobre su frente, sus audífonos gigantes, lentes de marco grueso y una sonrisota que hasta el día de hoy sostiene incluso en los momentos más estresantes. El *bigboss* de la radio nos aventó un bomberazo estilo: "Quiero que hagan un programa juntos, va a sonar los miércoles de cuatro a cinco de la tarde. Empiezan en tres semanas". Me chocaban el *bigboss* de la radio y sus ocurrencias, pero en esa ocasión le atinó. Nos pusimos a pensar: ¿de qué queremos hablar?, ¿qué tenemos en común?, ¿qué tenemos que decir? Así fue surgiendo la idea de hablar de creatividad; ese programa se llamó *Sensei* y sonaba en 90.9 f. m. En él entrevistamos a quienes consideramos senséis o maestros de las artes creativas. Queríamos saber cuáles eran los detonantes creativos de aquellas personas a las que admiramos por su obra. Digo que fue un detonante creativo porque se requiere mucha creatividad para crear el concepto de un programa como ese, con una *a-list* de invitados, con vestidos sonoros geniales y una línea narrativa bien fundamentada y que esté al aire en tres semanas. Todo entre tres personas, a una de las cuales nunca habíamos visto en persona y con quien los encuentros en la virtualidad eran meramente para conceptualizar este futuro programa.

Fue un programa exitoso, sumamente divertido y muy enriquecedor, pero después de varias ocurrencias insostenibles y poco creativas del *big-boss* decidimos terminarlo. Arthur y yo hablábamos poco después del programa, pero al menos cada dos o tres semanas alguno recibía un mensaje de texto del otro: "¿Qué hacemos ahora? Quiero que sigamos haciendo cosas juntos". Y así, casi dos años después y a través de otro zoom (aunque para este momento ya nos habíamos visto en persona ¡una sola vez!) ideamos *Busca el Cómo*. En nuestra cabeza lo probamos en al menos 10 formatos diferentes: que si un show en vivo con audiencia, o mejor un videoblog en YouTube, que si un programa de radio, o tal vez televisión, ¡mejor un pódcast!, pero con invitados, mejor sin, que sea improvisado, o mejor con guion... De verdad, lo pensamos todo, menos el libro que ahora mismo sostienes en tus manos.

 Estábamos atravesando la parte alta de la pandemia que paralizó al mundo. Tuve la fortuna de pasar gran parte de esa etapa en mi casa esperando a que las cosas mejoraran. El encierro no evitó que tuviera ideas para seguir produciendo contenidos, por esta razón, en un evento digital, conocí al en ese entonces *big boss* de 90.9. Durante esa plática se me ocurrió decirle (sin haberlo planeado) que me encantaría hacer un programa de radio con invitados para hablar de creatividad, y todo quedó en una idea y una conversación que no duró ni 10 minutos. Dos semanas después recibí un mensaje del *big boss* para decirme que el proyecto iba adelante. Al leer eso lo primero que hice fue preguntarle: "¿Qué proyecto?", y él solo respondió: "La idea que me contaste, tienes tres semanas para salir al aire, va en vivo y lo harás con Camila Sánchez, directora del área cultural de la estación, y Leo Moreno, director del área musical". Al escuchar el nombre de Camila me emocioné, yo tenía años escuchando su programa *Inspiria* en 90.9 f. m. y me encantaba cómo lo conducía; siempre había querido compartir micrófonos con una personalidad así y ahora tenía la oportunidad de crear un programa con ella y Leo. Nos programaron una videollamada para conocernos y al mismo tiempo comenzar a bajar ideas, y desde la primera reunión se sintió la química y la buena onda de Cam. Todas las ideas que me había hecho de ella se confirmaron en esa reunión: era simpática, amigable, buena onda, inteligente y linda. Hicimos tres temporadas en donde entrevistamos a varios personajes importantes del medio del entretenimiento, lo cual fue muy divertido y enriquecedor.

Al terminar este proyecto Cam y yo seguimos en comunicación, diciendo que deberíamos de seguir haciendo algo juntos, así ideamos el pódcast *Busca el Cómo*, un espacio para platicar de creatividad y tener esas conversaciones incómodas que tanto nos gustan a los dos. Hoy, después de habernos visto dos veces en persona en tres años, tenemos un *Busca el Cómo* juntos y somos compañeros de locuras en otros proyectos. ¿Cómo llegamos a escribir nuestro primer libro en conjunto? Estábamos en el festival Referencia Norte, que produzco junto con mi socio Héctor Templeton, y ahí, mientras uno de los directores editoriales de Penguin Random House subía al escenario, se me ocurrió venderle la idea de escribir este libro. En menos de cinco minutos ya habíamos convencido a David para que nos diera una junta. Después de varios meses de trabajo en conjunto con la editorial y los genios de Killer Quake este libro se hizo realidad. Así que lo único que queda por decir es que las oportunidades no se esperan, se generan, y si van con un toque de creatividad suelen ser más atractivas.

El trabajo creativo es tan poco cuantificable —no existen títulos de posgrado que puedan dar sustento a nuestros años de experiencia y no hay formas determinantes de medir si el producto que *brandeaste* vendió por tu creativo *branding* o porque verdaderamente es delicioso— que a veces tenemos miedo de hacer preguntas que puedan evidenciar que todo lo que hacemos nace y crece en el mundo de las ideas, de nuestras ideas, y como queremos ver a nuestras ideas morir en la gloria del éxito en el mundo real callamos las preguntas que queremos hacer y pretendemos que lo sabemos todo. Nosotros podemos confirmar que mientras más te adueñas de tu proceso creativo, mientras más lo entiendes y lo diseccionas, mejores son los resultados de tu trabajo.

Arturo siempre dice: "Hay dos tipos de personas: las que siempre están buscando el *cómo no* y las que están constantemente buscando el *cómo sí*". Queremos que tú te unas a nuestro equipo del cómo sí, porque buscar el cómo sí hacer las cosas que ideamos ha sido fundamental en nuestro desarrollo personal y profesional. Este libro trata de eso, de compartir las herramientas que nos han ayudado a abrirnos camino en la industria creativa.

Nosotros buscamos el cómo porque somos curiosos y neciamente nos oponemos a la idea de que no podemos hacer algo que queremos hacer. Estamos en contra de cómo se hacen las cosas hoy en día en el sistema laboral creativo y queremos encontrar nuevos caminos para una industria más libre, más sana, más justa, menos burocrática, que valore las ideas y, por ende, que estas sean mejor pagadas.

Queremos compartir estos conocimientos porque la industria la hacemos todos. Porque estamos seguros de que una personalidad creativa vive en cada uno de nosotros. Así como somos seres sociales, somos seres creativos, y conectar con esa faceta tan íntima nos puede hacer mejores personas. Nosotros queremos un mundo con mejores personas.

Este no es un libro de motivación personal... peeero es indispensable que estés bien contigo mismo para que puedas crear sin desmotivarte en el intento.

¡ATENCIÓN!

Durante los siguientes 12 capítulos hablaremos de:

1. **Flexibilidad vs. estructura: ordenando el caos mental.** El caos, el desorden y la improvisación son algunos de los vicios que persiguen a los creativos y domarlos puede ser la clave para encender la chispa de la creatividad.

2. **¡Sálvenme de este bloqueo!** Herramientas, ejercicios y actividades que te pueden ayudar a deshacerte por completo de este villano de la creatividad.

3. **Crea por el gusto de crear.** No te preocupes por que tus influencias se cuelen en tu trabajo. Primero crea sin límites, después recrea, reestructura.

4. **La salud mental como antídoto del caos.** Hablamos de la importancia de darnos descansos mentales durante el día y de lo que una correcta higiene del sueño puede hacer por nuestra creatividad.

5. **Confianza, autoestima, autosabotaje y el síndrome del impostor.** Quienes creamos podemos sentir que los éxitos que estamos obteniendo se deben más a la suerte que a nuestro trabajo. Expondremos recursos que te pueden ayudar a tener una mejor percepción de ti mismo y de tu trabajo.

6. **Rituales y rutinas creativos.** Hay pequeños rituales que envían a nuestro cerebro señales de que "hemos empezado a crear". Te ayudamos a identificar y mapear tus rituales creativos.

7. **Las redes sociales: ¿nos ayudan o nos destruyen?** Discutiremos los pros y contras de las redes sociales en nuestra creatividad.

8. **Tengo una idea, ¿cómo la aterrizo?** Te damos herramientas y consejos sobre las cosas que tienes que tomar en cuenta antes de materializar tu idea.

9. **Ego y equipos creativos.** Hablaremos de cómo el ego puede interponerse en nuestro trabajo en equipo y de algunas herramientas para no permitirlo.

10. *Multitasking* **y la creatividad en el mundo contemporáneo.** ¿Es posible ser el creador, el vendedor y el promotor de tus ideas?

11. **Vivir de la creatividad sí es posible.** Presentaremos estrategias para "sabernos vender", para promover nuestro trabajo y conocer a nuestras audiencias.

12. **FAQ: Cuántos, cómos y porqués de nuestros procesos creativos.** Presentaremos las respuestas a las preguntas frecuentes que nos han hecho en el pódcast sobre nuestros procesos creativos.

1

FLEXIBILIDAD VS. ESTRUCTURA: ORDENANDO EL CAOS MENTAL

Estructúrate, estructúrate
y estructúrate. No hay de otra.

En un rincón de San Miguel de Allende...

 Son las 11:05 de la mañana, suena mi celular y es un compañero de trabajo para decirme que llevan cinco minutos esperándome en una reunión. ¡Es la reunión de resultados del año con los dueños de la editorial! Y yo estoy sacando una factura de un *ticket* de gasolina que acabo de cargar de camino a mi estudio y se me olvidó por completo la reunión más importante del año. (Soy Cam y me cuesta mucho trabajo organizar mi vida).

Al mismo tiempo, pero en el rincón más alejado de la Ciudad de México...

Son las 11:05 de la mañana, estoy comenzando una junta con mi equipo de producción cuando me llega una notificación de Google Meet,

¡mierda, agendé dos juntas al mismo tiempo! Son las 11:06 y ahora estoy escuchando una junta en cada audífono. Mi cerebro, además de estar "poniendo atención" a ambas reuniones, no deja de juzgarme por agendar doble y no prestar completa atención a las personas que están en ambos espacios. (Soy Arthur y tengo demasiados calendarios distintos).

Existen estudios, como el de Huidobro Salas en 2002, que afirman que las circunstancias que rodean a una persona influyen en las manifestaciones de su creatividad y sus producciones. La creatividad se desarrolla en ambientes libres, sin presiones, ni pretensiones; y de la misma manera necesita una mente libre para poder crecer cómodamente. Es por eso que, cuando recargamos nuestra memoria con cada una de nuestras actividades diarias y dependemos solamente de ella para llevarlas a cabo, corremos el riesgo de olvidarlo todo, de estar resolviendo cosas a último minuto, de llegar tarde a todas partes y de no dejar espacio en nuestra mente para idear, crear y llevar a construir nuevas ideas.

Hay, literalmente, cientos de herramientas que pueden ayudarte a mantenerte organizado y estructurado, solo es cosa de que leas algunas reseñas en internet, libros como el que estás leyendo en este momento o en redes sociales, pruebes aquellas que más te hagan sentido y te comprometas a utilizarlas con constancia. Es verdad que no existe una fórmula general para la organización humana y tal vez es eso lo que hace que nos sea tan complicado lograr el orden, pero es cosa de que vayas construyendo, comprendiendo y perfeccionando tu fórmula personal; ya sabes, lo que te sirve a ti quizá no nos sirve a nosotros, no porque sea mejor o peor, sino porque simple y sencillamente "cada cabeza es un mundo" y cada mundo se rige por sus propias normas. La principal herramienta eres tú y tus ganas de organizar tu vida.

PASO 1: IDENTIFICA EN DÓNDE ESTÁS PARADO

¿Cómo te organizas? ¿Utilizas algún calendario, agenda, lista de tareas diarias, notas adhesivas en el espejo, el refrigerador y los márgenes de tu computadora?

Si es así, ¡felicidades! Ahora piensa: ¿qué tanto las usas en realidad? y ¿es ese método el más efectivo para conseguir tus objetivos personales de organización?

Si la respuesta fue no, ¡mijo, ya te tardaste! Empieza por abrir el calendario de tu celular o comprarte una agenda y comienza a anotar todo lo que tienes que hacer con antelación; revísala todas las mañanas al inicio del día.

A veces tengo tantas cosas que hacer en una semana que la ansiedad no me permite dormir, en esos casos reviso por las noches mi agenda del día siguiente. Esto me da la tranquilidad de saber que todo está anotado y que no existen razones por las que pudiera olvidar hacer algo. Eso me hace conciliar el sueño y amanecer descansada y lista para cumplir con todas mis tareas al día siguiente y con buena actitud. Lo que quiero decir es que revises tu calendario tantas veces en el día como lo sientas necesario, lo más importante es que hacerlo te dé paz.

PASO 2: EMPIEZA A ORGANIZARTE

A veces creemos que las agendas y calendarios son solamente para anotar las reuniones importantes, en nuestra experiencia te recomendamos agendar hasta los horarios de comida, de lectura, el tiempo que estarás con tus hijos, los momentos para desconectarte, hacer ejercicio, pasar tiempo con tu pareja (o buscar una pareja) y hasta sacar tus facturas. Si eres *freelancer* o tienes más de un trabajo te recomendamos usar colores para clasificar tus tareas.

AGENDA

Aquí algunos ejemplos de nuestros propios calendarios:

Nota: Ya no hay colores suficientes en el calendario, lo demás es rosa.

CAM • ARTHUR • KILLER QUAKE

LA LISTA DE ARTHUR

- ☐ Desayunar
- ☐ Tomar vitaminas
- ☐ Hacer ejercicio
- ☐ Meditar
- ☐ Revisar equipos
- ☐ Revisar proyectos
- ☐ Revisar números
- ☐ Junta con socio
- ☐ Negociar y cerrar con artistas y venues
- ☐ Jugar videojuegos
- ☐ Ver a mi novia

Amarillo: No negociable

Rojo: Urgente

Azul: No urge, pero tiene que estar listo esta semana

Verde: Ya quedó, ya se armó la carnita asada

PASO 3: COORDINA A TUS EQUIPOS

Según un estudio de The Workforce Institute que incluyó a personas en 10 países, para casi 70% de las personas su jefe tiene más impacto en su salud mental que su terapeuta o su médico, es casi igual al impacto que tiene su pareja. ¡No vuelvas locos a tus empleados! Es importante que como líderes de proyectos hagamos un balance sobre lo que estamos haciendo bien y mal con nuestros equipos. No olvides que trabajas con seres humanos que tienen los mismos problemas, emociones y sentimientos que tú. Como en los aviones, primero debes colocar tu mascarilla antes de ayudar a alguien más con la suya: ya que tú estés organizado, es hora de hacer lo mismo con tus equipos de trabajo.

De hecho, según el mismo estudio, 43% de los entrevistados informó que están agotados y 78% que el estrés afecta negativamente su rendimiento laboral. Además, 71% dice que el estrés laboral incide negativamente en su vida en el hogar, 64% dice que le resta bienestar y 62% que degrada sus relaciones personales. Así, 70% de las personas que participaron en el estudio confesó que le gustaría que su jefe hiciera más para apoyar su salud mental.

Las herramientas que presentamos a continuación también funcionan si tú eres tu propio equipo de trabajo.

Lo ideal sería poder contratar alguna aplicación o *software* de organización de equipos, pero a veces son muy caros y nosotros no queremos que eso te detenga. Se trata de buscar cómo hacer las cosas con lo que está dentro de tus posibilidades y estarás muy contento de saber que existen herramientas gratuitas que pueden mantener a los equipos organizados y trabajando en tiempo real. Una de estas herramientas, que ambos usamos, son todas las aplicaciones de Google Drive: documentos, *sheets*, *meets*, etc. El éxito está en cómo las estructuras, y lo primero es que establezcas los objetivos del equipo y después los objetivos individuales que cada miembro tiene que alcanzar para que ese gran objetivo en equipo pueda conseguirse.

- **¿Quiénes forman parte de tu equipo?** Estructura un organigrama, no todo el equipo puede responderte a ti, debe de haber una jerarquía para que todo fluya mejor. ¿Cuál es el objetivo que tienen en común? Plantea los objetivos a corto, mediano y largo plazos de tu equipo.

- **¿Qué tareas debe realizar cada miembro del equipo?** Siéntate con cada uno, revisen los objetivos individuales y las tareas que se tienen que hacer día con día para alcanzarlos. (Pregúntales cómo se sienten e interésate por hacer su trabajo más cómodo. No te tienes que meter en su vida personal, pero mostrar interés los hará sentir más felices con su trabajo).

- **¿Cuáles son las fechas límite para realizarlas?** Establece una línea del tiempo realista con fechas de entrega para cada una de las tareas y objetivos.

- **¿Cuánto tiempo o dinero y esfuerzo te va a costar cumplir esos objetivos?** No te esperes a terminar para ver cuánto gastaste por proyecto. Realiza presupuestos sobre cada uno de tus objetivos, así sabrás cuáles te están costando más de lo que te dan y puedes replantearlos para que te funcionen mejor.

- **¿Se cumplió el objetivo?** Semanalmente revisa tus tareas y objetivos. Anota las trabas que tuviste para realizar cada uno y los aprendizajes que puedan servir para futuras tareas. Esto te ayudará a mejorar y eficientar los procesos de tu equipo de manera constante.

TEN PACIENCIA (OTRA COSA QUE LOS CREATIVOS TENEMOS QUE TRABAJAR)

Seguro te estás preguntando por qué no hemos llegado a desatar tu creatividad, pero confía, primero necesitamos liberar tu mente de la burocracia de la vida diaria. Para desarrollar músculos, o quemar grasa, necesitas tiempo para ir a entrenar, lo mismo pasa con la creatividad, necesitas un espacio de tiempo para crearla, no lo olvides. Si no tienes tiempo, ¿a qué hora vas a ser creativo?

BUSCA EL CÓMO

Analiza tu semana

1. Estructura aquí cómo se ve tu semana, anótalo TODO, desde lavar la ropa, ir al súper, hasta darles de comer a tus gatos. También agenda momentos de descanso y de creación.

LUNES	MARTES	MIÉRCOLES	JUEVES	VIERNES	SÁBADO	DOMINGO

LUNES	MARTES	MIÉRCOLES	JUEVES	VIERNES	SÁBADO	DOMINGO

2. Dentro de una semana regresa y escribe cómo te sentiste y si organizarte te dio más espacio para ser creativo.

¿Conseguiste hacer todas las actividades que te agendaste?

_____

_____

_____

¿Cómo te sentiste a lo largo de la semana?

_____

_____

_____

¿Crees que organizarte te dio espacio para ser creativo?

_____

_____

_____

3. Ahora organiza tu mes de esta misma forma en una app calendario.

Para organizar tu propia vida, rutina y momentos de trabajo:

- **Google Calendar:** Nos gusta porque puedes usar distintos colores para cada tarea y es la mejor para trabajar a distancia, pues ahí mismo puedes generar las ligas para tus videollamadas.

Para organizar a tu equipo de trabajo:

- **Monday:** Esta app funciona para gestionar y estructurar equipos creativos. Si le dedicas suficiente tiempo a entender cómo funciona y a explorar cada una de las herramientas que ofrece podrás establecer metas a corto, mediano y largo plazos para cada uno de los miembros de tu equipo y para el equipo en general. Nosotros sabemos que, como creativos, hay momentos en los que nos viene mejor trabajar de forma presencial con el resto del equipo y otros en los que es mejor que cada quien conecte con la magia de la creatividad en sus propios espacios personales. Esta aplicación te ayuda a tener el control sobre las actividades de cada uno de los integrantes de tu equipo sin que tengan que ir todos los días a trabajar a una oficina. Entra al perfil de YouTube de monday.com, ahí encontrarás muchos tutoriales y reseñas que te ayudarán a decidir si esta es la aplicación de estructura y organización que tú y tu equipo necesitan.[1]

---

[1] La mejor versión para utilizar esta app con cada uno de los miembros del equipo es la versión de paga. Considera si es un costo que tu proyecto puede sustentar. Si crees que no es el momento de invertir en este tipo de software de gestión de proyectos te recomendamos crear un calendario compartido en Google y una carpeta compartida en Google Drive. Estas herramientas son suficientes para estar al tanto de lo que está haciendo cada una de las personas que forman parte de tu equipo de trabajo para determinado proyecto.

¡SÁLVENME DE ESTE BLOQUEO!

~~No me va a salir bien~~

Lo voy a hacer sin importar cómo me salga

Según la definición que ronda en los sitios de internet y en los libros de creatividad, un bloqueo creativo es un tipo de bloqueo mental que te impide dar con nuevas ideas y desarrollar cualquier actividad relacionada con la creatividad.

El bloqueo creativo no avisa que va a llegar, no da señales; una tarde se presenta en tu casa, toca el timbre y, sin más, te dice: "Con permiso, voy a pasar". Te empuja para entrar y se instala en tu lugar de trabajo para imposibilitar todos y cada uno de tus procesos. Además, como el primo que te dijo que se quedaría "solo hasta encontrar trabajo", su estancia es indefinida

> ## "EL BLOQUEO ES COMO UN MURO ENTRE LA POSIBILIDAD Y LA ACCIÓN".
> ### Arthur

y su presencia incómoda nos pone a temblar con la posibilidad de que sea infinita. Un bloqueo puede estar en tu vida 10 minutos o 10 años.

IDENTIFICAR AL VILLANO

¿Cómo te das cuenta de que ya llegó el bloqueo?

Saber cuándo estoy en un bloqueo no es tan complicado. Para mí la primera señal es que comienzo a enojarme porque mis ideas no conectan con mis acciones. Me invaden tantos pensamientos simultáneos que no logro concentrarme en ninguno de ellos y me desprendo mentalmente de lo que estoy haciendo en ese momento. Lo primero que me pasa es la frustración de no poder seguir haciendo lo que necesito entregar para mi trabajo, después vienen el enojo y la desesperación.

Antes de llegar al enojo suelo darme un espacio de cinco o 10 minutos para analizar qué es lo que me está pasando, ¿por qué no puedo avanzar? Literalmente, siento que mi cerebro se pausa, no pongo atención en nada y suelo meterme a las redes sociales, principalmente TikTok, sabiendo que esta aplicación me hace no pensar y que eso me ayuda. Aunque algunas veces me puedo quedar una hora viendo tontería y media, no importa; es necesario.

Siento que los seres humanos queremos dar una explicación mental a todo, queremos saber de dónde viene el bloqueo para que no vuelva a llegar. A veces llega solo porque necesitamos una pausa o un respiro, no porque estemos haciendo algo mal, así que tranquilo, si estás pasando por un bloqueo, debes saber que es algo que a todos nos pasa.

Mis bloqueos empiezan dando pequeñas señales que siempre ignoro... Para mí, la primera señal es que no he escrito nada no periodístico en una semana. E incluso lo que tengo que escribir por trabajo no fluye. Tomo un libro para leer y no puedo pasar del primer párrafo; intento escribir y lo único que consigo son frases hechas y nada creativas; me abrumo y me pongo de malas cuando me piden que escriba algo para la revista en la que trabajo... esas son las señales que me empiezan a indicar que se avecina el bloqueo.

Después comienza a ponerse serio y mi bloqueo se mete con mis emociones, llega a tal grado que no puedo sentir nada más que enojo y frustración, y me siento así con todas las personas que están a mi alrededor. Termino molesta con mi esposo o con mi mamá por tonterías; me frustra que mi hija (de dos años) se ensucie la ropa intentando comer; me arruina el día que, al manejar, el coche de delante mío se detenga dos minutos a pedirle indicaciones a alguien que caminaba por la calle. Es como si la frustración de no poder tocar mi creatividad me hiciera sentir enojo de tener que seguir existiendo en este mundo mientras soy incapaz de crear.

Si en ese momento tomo la decisión de ignorar la señal (como casi siempre hago porque soy una necia en busca de un remedio en contra de la necedad), el bloqueo se puede instalar por meses. He pasado seis meses sin escribir una sola palabra, ese ha sido mi bloqueo más largo y aún vivo con miedo de que un periodo tan largo de mente en blanco vuelva a presentarse.

- La maldita ansiedad (nuestros psicólogos dicen que no es maldita, pero aún no les creemos).
- Incapacidad de sentir o identificar emociones.
- Mal humor.
- Frustración.
- Baja autoestima, síndrome del impostor, ¡soy el peor creativo del mundo!

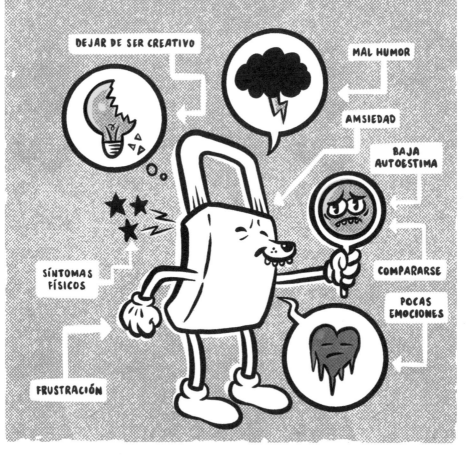

- Comienzas a compararte con otros.
- Estrés con síntomas en el cuerpo: contracturas, dolor de cuerpo, migrañas, etcétera.
- Y obviamente, dejas de crear, de imaginar e idear.

Ahora, no todos los síntomas se presentan en todas las personas de la misma forma. Estos son algunos de los más comunes según nuestra propia experiencia y la de las personas creativas con las que interactuamos todos los días. Intenta identificar cuáles son los tuyos y en qué orden aparecen. Así podrás solucionar el bloqueo antes de que te paralice por completo imposibilitando tu capacidad de crear.

LA SOLUCIÓN

Presión autoimpuesta. Después de seis meses de salir a correr, bailar frente al espejo y hacer ejercicios de escritura creativa sin obtener resultados, decidí estudiar la maestría para que alguien me obligara a escribir. Funcionó y ahora cuento con una maestría, pero pude haber prevenido llegar hasta este punto si tan solo hubiera escuchado las señales a tiempo.

Hay cientos de técnicas y herramientas distintas que nos pueden ayudar a vencer a este villano. Algunas son muy obvias, como salir a caminar al aire libre, jugar videojuegos, cambiar de aires, platicar con los amigos, navegar en redes sociales (un ratito, no cuatro horas de escroleo sin rumbo) o hacer ejercicio. Pero hay otras que, aunque son un poco más complejas, pueden sacarte de bloqueos severos. Por ejemplo, algunos ejercicios de escritura libre, tocar un instrumento, aprender un idioma, leer sobre temáticas distintas a las que sueles consumir o ir a lugares que te incomodan o te dan miedo.

Tengo unas cuantas salidas de emergencia: caminar en el bosque (parque / entorno natural) —posiblemente veas esta herramienta más de una vez en este libro: caminar genera cambios en un nivel emocional, físico y mental; es un respiro en todo el sentido de la palabra—; meditar —hacer respiraciones durante cinco o 10 minutos es algo que me ha ayudado desde hace ya algunos años a regresar a mi centro—; ver *Soul* de Pixar... Una de las actividades que más disfruto para salir del bloqueo es reproducir música que me pone de buenas a todo volumen y cantar y bailar al ritmo de las canciones, ¡me encanta hacer eso! Es un espacio increíble y, en lo personal, amo que mi *playlist* puede pasar de rock and roll a salsa o cumbia hasta villancicos (no importa la época del año) sin previo aviso. Lo único importante es dejarme llevar por ese espacio que solo yo y la música tenemos. Si nada de esto funciona: apago todo (*total blackout*) y me desconecto de uno a dos días.

Si me pones villancicos vomito.

Supongo que algún día por fin me decidiré a hacer estos ejercicios con las primeras señales del bloqueo y dejaré de esperar a convertirme en un ogro insoportable para tomar cartas en el asunto. Al igual que Arthur, una de las cosas que más me sirve es bailar. Cerrar la puerta de mi estudio, poner a Patti Smith o a Billie Eilish y solo bailar, mover el cuerpo, girar, soltar la frustración a través del baile es sumamente liberador. También utilizo mucho un ejercicio de flujo de escritura libre en el que me siento a describir todo lo que hay a mi alrededor, primero lo que veo, después lo que escucho, después los olores, y así voy agudizando poco a poco mis sentidos. De pronto, anotando lo que me rodea, empiezo a escribir lo que ronda mi mente: qué siento, en qué estoy pensando, en quién estoy pensando. Y, cuando menos me lo espero, estoy escribiendo, ¡estoy de vuelta!

Algunas **soluciones ambiguas** que te pueden servir y por qué:

- **Estar en contacto con la naturaleza.** Los japoneses hace años que saben que la naturaleza es buena para la salud y la creatividad, y tienen una práctica que llaman "baños en los bosques" (*Shinrin-yoku* 森林浴). La actividad consiste en realizar una visita a un bosque sumergiéndose en él con los cinco sentidos. Los estudios científicos realizados hasta la fecha han demostrado que la exposición a la naturaleza afecta positivamente sobre efectos neuropsicológicos a través de cambios en el sistema nervioso.

- **Escuchar música.** La música potencia la creatividad porque aumenta la flexibilidad del pensamiento y nos permite aumentar la capacidad de asociar informaciones que no sabíamos que podían conectarse.

- **Yoga, estiramientos y ejercicio.** Lo dijo Juvenal en sus *Sátiras*: *Mens sana in corpore sano*, y aunque en esa época se refería a la suerte de nacer con una mente sana en un cuerpo sano, hoy la utilizamos para decir que si mantenemos sano a nuestro cuerpo, entonces la mente (y la creatividad) puede desarrollarse plenamente.
- **Leer algo diferente a lo que lees normalmente.** Salirte de tu zona de confort puede ser una excelente estrategia para pensar distinto y sacar a tu mente de lo mismo de siempre. La rutina extrema sin permisos también puede estar mermando tu creatividad.
- **Jugar videojuegos.** Esta es una actividad que te distrae mientras te relajas. Además, resolver problemas mientras juegas estimula tu proceso creativo.
- **Ver a tus amigos.** Cuando el bloqueo sucede porque estamos demasiado atareados, ver amigos que te hagan sentir feliz y con los que te sientas cómodo te ayudará. Tal vez lo único que necesitabas para superar este bloqueo eran relajación y carcajadas.
- **Estar con tu familia sin celulares ni trabajo.** Lo mismo que con los amigos. Te recomendamos no traer tu celular a estos eventos, ya que querer estar en dos lugares a la vez puede hacer que no disfrutes a las personas que tienes frente a ti.

- **Escribir flujos libres de conciencia.** Cuando el bloqueo llega solemos bloquearnos también a lo que sentimos y a nuestro entorno. Hacer un ejercicio consciente de identificar lo que hay a nuestro alrededor, utilizando todos nuestros sentidos, nos hará conectar con eso que tanto nos ha dado trabajo.
- **Apapacharte o consentirte.** No te castigues por los bloqueos que te impiden trabajar. Regálate un masaje, un baño caliente, un té, un pastel de chocolate, lo que sea que te haga sentir bien.

Algunas soluciones prácticas que te pueden servir y por qué:

- **Listas.** Haz una lista de palabras o conceptos en dos columnas. Después escoge una de cada una y trata de hacer un dibujo que tenga la esencia de ambas palabras, una fusión: café-mochila, suegra-helado, perro-columpio. Esto incentivará tu imaginación y creatividad al mezclar objetos que nunca hubieras puesto juntos.
- **Invierte tu rutina.** Si acostumbras dormir del lado derecho de la cama hazlo del lado izquierdo; si en el desayuno siempre comes primero la fruta empieza con lo salado; si sueles usar el reloj en la muñeca derecha póntelo en la izquierda y si te sientes muy animado: ¡ponte los zapatos al revés!

- **Flujo libre de pensamiento.** Al despertar, escribe durante 20 minutos seguidos (sin detenerte y sin pensar) absolutamente todo lo que te venga a la mente. Si lo haces todos los días comenzarás a notar que tu creatividad incrementa.
- **Libreta del enojo (el _Necronomicón_ personal).** De preferencia que la pasta sea color negro (como mi alma, dice Cam), ahí vas a soltar todo el enojo. Necesitas una pluma de tinta negra y una de tinta azul. Con la negra vas a escribir todo lo que te enoja del exterior y con la azul lo que te enoja de ti mismo.
- **Más listas.** Una lista de tres columnas. La primera se llama Me molesta, la segunda Me enoja y la tercera Me irrita, y en las tres hay que colocar a las personas que te generan esas emociones. Identificarás de dónde viene cada emoción que puede estar causando el bloqueo. Recuerda que los bloqueos pueden estar influenciados por tu parte mental o emocional.

Los bloqueos llegan para anunciar que estás descuidando algún área de tu vida. No tienes que esperar a contraer el bloqueo, con buenos hábitos puedes prevenirlo. Algunos hábitos que te ayudarán a prevenir la llegada de este gran villano son:

- Buena higiene del sueño.
- Rutina de ejercicio / movimiento.
- Alimentación saludable, completa y con horarios.
- Ejercitar constantemente el músculo creativo: haz algo creativo diario, aunque sea por 10 minutos.
- Ve a terapia, o al menos sé consciente de tus emociones y trabájalas.
- No evadas la realidad (con mucho trabajo, con distracciones, alcohol, etcétera).
- Ten esa conversación incómoda (con tu pareja, amigos, familia y compañeros de trabajo), es un ejercicio que te libera.
- Mantén en orden tus tareas diarias para evitar sentirte abrumado.

> **"EL CONTENIDO NO SE CREA NI SE DESTRUYE, SOLO SE TRANSFORMA".**
>
> Gabriela Warkentin

BUSCA EL CÓMO...

Síntomas de bloqueo

1. Piensa cuando has tenido algún bloqueo y responde estas preguntas:

¿Cómo lo identificaste?

_____

_____

_____

¿Cómo te sentías?

_____

_____

_____

¿Cuánto tiempo duró?

_____

_____

_____

2. En la siguiente lista de verificación marca los síntomas de bloqueo que hayas identificado.

EMOCIONALES	DE COMPORTAMIENTO
☐ Enojo	☐ Contracturas
☐ Frustración	☐ Migrañas
☐ Irritabilidad	☐ Me comparo con todos
☐ Ansiedad	☐ Mal humor
☐ No siento nada	☐ Aislamiento

El antídoto perfecto

3. Elige una solución ambigua y una práctica, ejecútalas durante una semana.

Soluciones ambiguas.
- Estar en contacto con la naturaleza
- Escuchar música
- Yoga o estiramientos

- Leer algo diferente a lo que lees normalmente
- Jugar videojuegos
- Ver a tus amigos
- Estar con tu familia sin celulares ni trabajo
- Escribir flujos libres de conciencia
- Apapacharte / consentirte
- Bailar, hacer ejercicio, mover el cuerpo
- Observar tu entorno

Soluciones prácticas.
- Listas de palabras / conceptos en dos columnas
- Invierte tu rutina
- Flujo libre de pensamiento
- Libreta del enojo
- Lista Me molesta, Me enoja y Me irrita

4. Ahora juega con estas soluciones. Cámbialas cada semana para que pruebes todas las combinaciones y posibilidades. Ve tachando las que vayas probando. Es como cocinar un antídoto solo con lo que hay en la alacena el último día de la semana antes de ir al súper.

5. Escribe tu receta perfecta contra el bloqueo.

_____

_____

_____

_____

_____

_____

_____

3

CREA POR EL GUSTO DE CREAR

¡Qué importa si no eres "original"!

A lo largo de la historia los artistas se han inspirado en otros para realizar obras nuevas. Picasso se inspiró en Velázquez para pintar su serie *Las meninas* y tenemos una ligera sospecha de que Gabriel García Márquez se inspiró en *Los recuerdos del porvenir*, de Elena Garro, para escribir *Cien años de soledad*. Cada idea que tenemos parte de una idea anterior, y para crear necesitamos inspirarnos en lo que ya existe y desprendernos de la idea de que lo que hacemos solo es valioso si es totalmente nuevo u original: no existe tal cosa.

¡Güey! En la universidad leí *Noticias del Imperio*, de Fernando del Paso, y la pasión en las cartas de Carlota a Maximiliano me inspiró a escribir una serie de textos sumamente apasionados y medio *darks*. Algo que nunca jamás hubiera escrito antes de conocer esas cartas. Creo que ese fue un momento de revelación en el que me di cuenta de que estaba bien hacer algo inspirada en la obra de alguien más.

Picasso nunca hubiera pintado sus *Meninas* si Velázquez no las hubiera pintado primero. No estaríamos escribiendo este capítulo del libro si Arthur no hubiera leído *Roba como un artista* de Austin Kleon y Cam *Teoría general de la basura* de Agustín Fernández Mallo. Entonces, alejándonos de la presión de crear algo cien por ciento inédito y original, vamos a crear solo por el gusto de crear.

Cam vive en la escritura y yo en el entretenimiento, por lo que, evidentemente, pensamos distinto. Encontrar un punto de partida para crear algo como lo que estamos escribiendo no se hace con fórmulas matemáticas ni con estructuras literarias. Nace de la necesidad de querer contar algo y plasmarlo en la forma en que nosotros vemos el mundo, porque seguramente no somos los únicos que compartimos esta visión del mundo. No somos originales, pero sí somos únicos y diferentes.

Cada uno tiene que encontrar desde dónde quiere empezar a crear, y copiar es un gran lugar para empezar. Por ejemplo, Virginia Woolf transcribió (a máquina o a mano) las obras completas de los autores que le gustaban, así se impregnaba de la musicalidad de sus palabras. Con eso, ella empezó a escribir sus propios textos: a partir de la música de lo que consumía y disfrutaba leer.

CREAR SIN JUICIOS

Es importantísimo partir de un lugar sin expectativas ni juicios.

No te juzgues mientras creas.
No te compares mientras creas.

Tu creatividad no puede florecer bajo la sombra del juicio. Es mejor crear libremente —y después recrear y perfeccionar— que intentar que lo que estás haciendo sea perfecto desde el inicio. Nada en la vida es así, los seres humanos nos volvemos mejores en nuestras áreas porque las trabajamos constantemente, con dedicación, porque le dedicamos tiempo a especializarnos en algo. Lo mismo sucede con lo que creamos, al principio nuestras obras no van a ser tal como las imaginamos. ¡No importa! Mientras más lo hagas mejores serán. Tienes que hacer las paces con que el proceso puede ser largo desde antes de iniciarlo. ¡No puedes dejar las clases de guitarra porque después de la segunda lección no estás tocando "Wish You Were Here", de Pink Floyd!

ESPACIOS PARA CREAR

La sociedad en la que vivimos no contempla que necesitamos tiempos y espacios para crear, difícilmente nos encontramos en un lugar de trabajo que priorice la creatividad de sus empleados sobre su productividad, así que nosotros mismos debemos procurar esos espacios. Los artistas

> "SER AUTÉNTICO ES MÁS IMPORTANTE QUE SER ORIGINAL. AL FINAL, UN TRABAJO AUTÉNTICO SE SIENTE ORIGINAL".
>
> Elizabeth Gilbert, *Libera tu magia*

CAM • ARTHUR • KILLER QUAKE

debemos buscar el tiempo para nuestra creatividad y una vez que lo encontremos, debemos defenderlo ante todo.

Y como esos espacios no van a aparecer mágicamente en tu agenda, te recomendamos que, además de anotar en ella tus compromisos y obligaciones, reserves espacios para crear. Te dejamos algunos consejos sencillos para que puedas encontrar estos momentos creativos.

1. **Renuncia a otra actividad.** Ya sabemos que cuesta mucho trabajo renunciar a ver la televisión o a escrolear tus redes, pero piensa que puedes estar utilizando ese tiempo para crear tu próxima exposición o crecer tu proyecto actual. No tienes que dejar de ver tu serie favorita por completo, pero puedes proponerte ver solamente un episodio al día y utilizar el resto del tiempo que destinabas a ver cuatro episodios seguidos a crear.

2. **Madruga.** Con tan solo poner tu despertador media hora antes de lo habitual tendrás tiempo para leer, meditar o escribir algo mientras estás en tranquilidad con tus pensamientos.

3. **Aprovecha los "tiempos muertos".** Selecciona con mucha conciencia lo que escucharás de camino al trabajo, lo que harás mientras esperas

tu turno en el consultorio de tu médico o en la fila del banco. Puedes escuchar un pódcast que estimule tu creatividad, leer un libro que haga lo mismo o escribir en las notas de tu celular o en una libreta. ¡Imagina todo lo que puedes crear mientras esperas algo!

LA MAGIA EXISTE

En las conversaciones sobre inspiración y creatividad siempre sale a luz una vieja discusión que cuestiona la existencia de la magia. Para nosotros (como para Elizabeth Gilbert y muchos otros creativos increíblemente exitosos) la magia sí existe, pero si no hay una intención, un propósito y una constancia, es posible que la magia no se presente ante tu puerta para ayudarte a crear.

 La magia son esos espacios de conexión con algo intangible que sientes en el alma y que no sabes cómo o cuándo van a llegar. Estos momentos me ayudan a entender que existe algo más allá de lo que yo pienso, genero y veo. Es darme cuenta de que otros caminos son posibles, incluso cuando no los puedo ver en ese momento.

La magia es ese momento inexplicable en el que, sentada frente a mi computadora trabajando en algún texto, el mundo exterior desaparece, no escucho nada ni a nadie, solo estamos yo y la magia que va moviendo mis dedos, haciendo música en mi cabeza con cada una de las palabras que escribo. Es como una conexión profunda con mi corazón que late a mil pulsaciones por hora y que me hace escribir sin pensar, sin juzgar y sin dudar. Mi bisabuelo, Amancio Bolaño e Isla, era escritor y fue uno de los primeros miembros de la Academia Mexicana de la Lengua; murió en 1971 y obviamente nunca lo conocí, pero siempre he llamado Amancio a mi magia, siempre he creído que esa conexión profunda es con él.

PRACTICA Y TODO LLEGARÁ

Si practicas constantemente todo llegará; practica nuevas cosas, nuevas ideas, nuevos hábitos y nuevas decisiones, porque si no estás dispuesto a hacerlo, nada nuevo llegará. Los profesionales se hacen estudiando, entrenando y refrescando sus conocimientos todo el tiempo.

Un ejemplo muy básico es la práctica de *asanas* o posturas de yoga. El primer día que vas a una clase de yoga no puedes tocar la punta de los dedos de tus pies sin doblar las rodillas, pero mientras más asistes a clase, mientras más practicas, te vas volviendo más flexible hasta que un día tocas el piso con las manos y las rodillas estiradas. Pero eso no es todo, si dejas de practicar tus músculos se contraen y regresas al lugar en el que iniciaste, por eso es importante continuar practicando, aun cuando ya has alcanzado tus metas.

Los japoneses tienen un término interesantísimo: *kaizen*, que significa que siempre es posible hacer mejor las cosas; es la mejora continua. En ese sistema educativo tan diferente de nuestros sistemas occidentales, el *kaizen* funciona como una estrategia para alcanzar niveles más altos de calidad en el trabajo.

Piensa todos los días mientras practicas: hoy mejor que ayer, mañana mejor que hoy.

¿Quieres un ejemplo práctico de cómo la mayoría de los inventos modernos se basa en descubrimientos pasados? El primer vestigio de la rueda se encuentra en un pictograma en Sumeria del año 3500 a. C. Dos mil años después los antiguos egipcios inventaron la maleta (1500 a. C).

Luego tuvieron que pasar casi 3 500 años para que en los setenta (sí, la época de la música disco) el ser humano activara el foco de la creatividad (gracias, señor Sadow) para unir dos puntos obvios y erradicar de una vez por todas las contracturas musculares en los aeropuertos. Así es, estamos hablando del invento más subestimado: la maleta con rueditas.

BUSCA EL CÓMO

Ponte creativo

1. Toma tu pintura favorita y en una hoja en blanco haz tu mejor intento por copiarla.

2. Ahora piensa: ¿qué vas a innovar? Intenta cambiar sus formas, convertirla en un cuento o poema, haz música con ella... crea y recrea hasta que la obra copiada sea solo la inspiración de algo totalmente tuyo.

3. Selecciona tu película / serie / canción / pintura / novela favorita. Reescribe el inicio o el final, reinterprétala, recréala.

Obra seleccionada: _____

_____

_____

_____

_____

_____

Innovación: _____

_____

_____

_____

_____

_____

FAVOR DE IMAGINAR
LA ILUSTRACIÓN.
ESTAMOS EN PAUSA
CREATIVA...

PAUSA CREATIVA

Vivimos en un tiempo que premia tanto la productividad que no estamos acostumbrados a pausar; a detenernos, descansar y regalarle a nuestra mente momentos en blanco. Sin embargo, si queremos mantener a nuestro cerebro en pleno funcionamiento es indispensable que le otorguemos momentos de descanso. Y necesitamos nuestra mente en su versión más sana y energizada para ser creativos.

En su libro *Attention Span: A Groundbreaking Way to Restore Balance, Happiness and Productivity*, la doctora Mark dice: "Así como no podemos pretender levantar pesas sin parar durante todo el día, tampoco deberíamos esperar que nuestra mente esté enfocada por largos periodos de tiempo". Así que, ¡detente y escucha a tu mente!

Si pones atención, tu cuerpo habla y seguro tu cabeza te está pidiendo un descanso. Podrás notarlo porque en la mayoría de los casos lo hace en forma de migrañas, agruras, contracturas en el cuello, enfermedades autoinmunes, dolores en el pecho, ansiedad, depresión... y una lista enorme de malestares físicos y mentales que ya debes conocer y que nos tomaría 20 páginas de este libro nombrar. Algo nos está diciendo todo eso que sentimos en el cuerpo.

Nosotros hemos aprendido *a la mala* (hospitalizaciones por estrés, ansiedad, lupus, etc.) a darles espacio a diferentes herramientas o actividades que nos obligan a hacer estas pausas creativas. Muchas vienen de recomendaciones de nuestros psicólogos, doctores y amigos creativos que con el tiempo y a través de la experiencia han formado su botiquín personalizado de primeros auxilios.

PLAYLIST *BUSCA EL CÓMO*

 Reproduce esta *playlist* que con mucho cuidado curamos para ti mientras haces alguna de las siguientes actividades. Dura 30 minutos, así que no te preocupes, aunque te tomes el tiempo de darte esta pausa podrás hacer todo lo que tienes pendiente hoy:

- Riega y cotorrea con tus plantitas (¡intenta ponerles nombre!).
- Sal a caminar.
- Siéntate en tu sofá y solo escucha.

SER SIN HACER

La mayoría del tiempo que pasamos despiertos estamos haciendo cosas: acomodando ropa, lavando platos, escribiendo, leyendo, trabajando, cuidando niños, cuidando personas mayores, cocinando, manejando, viajando en transporte público (en el que vamos jugando en el celular), cambiando pañales, llevando al perro al veterinario, escroleando en redes sociales y un sinfín de actividades que nos ocupan cada segundo del día. ¿Qué tal que aprendiéramos a disfrutar la vida sin que nuestra mente o nuestro cuerpo estén en actividad? Te invitamos a que *aprendas a ser sin hacer nada*.

> **"LA PRIMERA NORMA ES QUE NO TE ENGAÑES A TI MISMO. TE TENGO UNA MALA NOTICIA: TÚ ERES LA PERSONA A LA QUE PUEDES ENGAÑAR CON MÁS FACILIDAD".**
>
> Richard P. Feynman

LA SALUD MENTAL
COMO ANTÍDOTO DEL CAOS

Se habla mucho del cuidado personal, del trabajo psicológico, de descansar, de alimentarnos bien, meditar y hacer ejercicio, pero se acciona poco. Seguro que has estado en ese momento en el que reconoces todas las señales, sabes que tienes que empezar a cambiar hábitos, formas, costumbres y creencias. Incluso te aseguramos que has llegado al punto en donde eres completamente consciente de lo que te está pasando, pero, por alguna razón, te sientes incapaz de hacer algo al respecto.

En ese caso, puede que te hayas preguntado: ¿por qué no puedo hacer nada?, ¿por qué no puedo hacer algo por mí? Si es así, has entrado en el ciclo interminable de juzgarte sobre tu cuidado personal.

 Hoy el cuidado personal es uno de mis temas favoritos, pero no siempre lo fue. Empecé a ver lo importante que era cuando el estrés se apoderó de mí y de mi cuerpo por completo, al grado de llegar a tener que internarme en un hospital para entender qué me estaba pasando. Entré en depresión y, en algún momento, tuve que detenerlo todo para enfocarme en mi salud. Hoy es lo que más cuido y hay a quienes lo que hago les parece mucho, pero estas herramientas me han funcionado y estoy en una constante búsqueda de más; siempre he creído que hay atajos para poder llegar más rápido a donde queremos.

Según la maestra en psicología Sandra Mendoza existen cinco aspectos de nuestra persona que debemos cuidar:

- **Físico:** tu cuerpo, la alimentación, el descanso, el ejercicio, los cinco sentidos, reír, etcétera.
- **Emocional:** emociones, sentimientos, sensaciones, etcétera.
- **Mental:** pensamientos negativos y positivos, ideas, creencias, recuerdos, asociaciones, etcétera.
- **Energético:** lo que emanas y generas de acuerdo con el estado de ánimo, lo que sientes y piensas.
- **Espiritual:** bienestar, balance, equilibrio de tu interior, apertura a disfrutar y sentirte vivo.

Hay dos reflexiones de la psicóloga Sandra que nos gustan. La primera es que ser espiritual no significa pasar horas rezando, orando o meditando; ser espiritual es conocer quién eres, disfrutarlo, evitar hacer daño a los otros y, sobre todo, apreciar la vida. La segunda es que "tú eres responsable de tus emociones, tú permites cuándo sentirlas, tú eres la persona que le das el poder al exterior de tus emociones". En ese caso, ATENCIÓN: las personas no te hacen enojar, tú te enojas por lo que piensas y por lo que interpretas. Así que date cuenta y evita entregarles tus emociones.

Por ello, es importante que realicemos un análisis honesto sobre en dónde nos encontramos en cada uno de estos aspectos, ya que no estar bien en alguno de estos no solo afecta tu salud, también tu manera de crear y de ser creativo. ¿Cómo esperas ser creativo si no estás en contacto con tus emociones o con tu espiritualidad? ¿Cómo vas a motivar a tu equipo creativo si no duermes y tú mismo no estás motivado?

Mi situación es particular, pero seguro algunos de nuestros lectores andan en las mismas. Yo tengo una enfermedad crónica autoinmune que se llama lupus, lo que significa que mi cuerpo se autoataca y esto me provoca dolor crónico y agudo en las articulaciones, confusión, neblina mental, fatiga crónica y otros síntomas más... (quienes no padecen dolor crónico pueden imaginarse lo que vivir así le hace a tu creatividad…, quienes lo viven, ya lo saben: el dolor agudo es un supervillano de la creatividad).

Mi cuidado personal varía según el tratamiento médico en que me encuentre y de si mi lupus está activo o en remisión. Soy maestra de yoga, así que esa es mi meditación y mi ejercicio de todos los días cuando mi lupus está en remisión. Esas son las buenas épocas en las que puedo moverme. Cuando mi lupus está activo (que por desgracia es casi todo el año) mis cuidados van más enfocados a buscar la remisión: no comer nada inflamatorio, dormir bien, moverme poquito, tomar mis medicinas, huir del sol, no estresarme (jajaja) y descansar.

CONTROLAR LAS EXPECTATIVAS

Cuidarte también es tener expectativas realistas, así que jamás te propongas llegar al 100% en todos los aspectos al mismo tiempo; es imposible. El cuidado personal se trata de mejorar cada uno de dichos aspectos hasta donde tus posibilidades te lo permitan en cada momento de tu vida. Sé flexible con los cambios y con el momento en el que te encuentras.

> **"EN LO QUE PIENSAS TE CONVIERTES;
> LO QUE SIENTES, ATRAES, Y LO QUE
> IMAGINAS, CREAS".**
>
> Buda

Cami y yo estamos atravesando hoy un proceso interesante: los dos somos conscientes de que el ejercicio diario es un antídoto grandioso para nuestra ansiedad y para tener una buena salud en general. Sin embargo, mientras escribimos este libro, tenemos otros proyectos y trabajos que toman parte de nuestro tiempo diario, además de familias con las que anhelamos convivir y asuntos de adultos independientes que tenemos que atender. Simplemente hacer ejercicio diario no es una opción viable para nosotros en este momento. Aceptar que hoy nuestra rama física no está (ni estará) al 100% es parte de cuidar nuestra salud mental. Pero lo mantenemos en la mira, somos conscientes de esa deficiencia y estamos listos para que en cuanto podamos acomodar nuestros espacios regresemos al ejercicio diario.

UN DETONANTE CREATIVO Y SANADOR

Estar en contacto con estos cinco aspectos también puede funcionar como detonante creativo. Es decir, conocerlos, estudiarlos e integrarlos a nuestra vida nos puede dar muchos temas a tratar en nuestro quehacer creativo. Puedo crear desde la tristeza, la felicidad o el enojo, pero tengo que tocarlos y conocerlos, entenderlos y convivir con ellos. Puedo crear desde mi ansiedad, pero tengo que verla y saber que existe, tengo que creer con total certeza que es real. Incluso puede ser también una manera de sanar. Si la evades, no sirve de nada, pues ignorarla solo la alimenta y le abre las puertas para tomar el control de tu vida.

La salud mental y la creatividad están intrínsecamente relacionadas. Crear y sanar tu mente son aliados increíbles y se retroalimentan sin cesar, pues no solo tener una buena salud mental es importante para explotar al máximo tu creatividad; también una vida creativa es benéfica para la salud mental.

De hecho, una parte fundamental de ser creativo es ser CURIOSO y, entre más lo seas, más caminos internos vas a poder explorar. La palabra *inspiración* deriva del latín *inspirare*, que significa "soplar dentro para encender un sentimiento profundo o una idea elevada en el alma de alguien". El biólogo naturista Daniel Lumera dice que "si tenemos una mente inspirada está disponible y abierta al infinito. Es la llama de algo infinitamente grande que nos sopla dentro y nos eleva".

Por esto muchas personas practican la arteterapia, un enfoque terapéutico que utiliza el proceso creativo como medio de exploración y curación de problemas emocionales, psicológicos y sociales. Esto por medio de diversas técnicas creativas, como pintura, dibujo, escultura, danza, teatro o *collage*. El enfoque no se centra en la calidad estética de la obra, sino en la experiencia emocional que genera el proceso. Además, participar en actividades creativas nos ayuda a estar presentes en el momento, lo que fomenta así la práctica de *mindfulness* y la reducción del estrés.

CREAR EN COMUNIDAD

La medallista olímpica Aly Raisman dice que "podemos sufrir solos, o podemos sobrevivir juntos". A veces se nos olvida que somos parte de una comunidad y que es mucho más sencillo (y divertido) resolver problemas con ayuda y apoyo de quienes nos rodean que hacerlo solos. Aprende a amar el reto de buscar nuevos procesos y nuevas formas de hacer las cosas. Si eres una de esas personas que acostumbra a hacer todo por sí sola y sin pedir ayuda a nadie, intenta hacerlo de forma distinta, prueba pedir ayuda.

La creatividad exige esfuerzos personales, pero en algún momento del proceso creador también las contribuciones de dos o más individuos serán necesarias. Piensa en todo lo que tu proyecto creativo se puede beneficiar de otras personas, con distintas áreas de interés y diferentes especialidades.

TOMAR TUS PASTILLAS DE CREATIVIDAD TODOS LOS DÍAS TE HACE MÁS FELIZ.
(9 de cada 10 doctores lo recomiendan)

Un ejercicio interesante para trabajar creativamente en comunidad son los cuartos de escape, y quizá hay uno cerca de ti. La idea principal es encerrarte en una habitación con otras personas, ahí hay un misterio que resolver y la resolución exitosa de ese misterio detona la posibilidad de salir de la habitación. Tendrás que trabajar en equipo para salir de ahí, desarrollarás tus habilidades para trabajar con otros y además pasarás un muy buen rato.

Las cosas en el mundo y en la forma en que los humanos nos relacionamos están cambiando y todos somos parte de ese cambio. ¡No te quedes fuera de la gran experiencia de vivir, crecer y aprender en comunidad!

TIPS PARA CUIDARTE

La primera cosa que hice para cuidarme fue monitorear mi sueño: ¿cómo iba a poder lograr todo lo que tenía que hacer sin descansar? Empecé aumentando mis horas de sueño: si dormía cinco horas, trataba de dormir seis la siguiente semana y así hasta lograr dormir ocho. La segunda que cambié fue decir las cosas que siento y poner límites. Para poder llegar a esto fue indispensable el acompañamiento de mi psicóloga, a quien hoy sigo viendo cada 15 días. A esto he sumado mejorar mis hábitos alimenticios, comer en horarios establecidos, no comer mientras trabajo, integrar más verduras y bajarle a mi consumo de carne, esto de la mano de una nutrióloga.

Asimismo, dentro de este camino me tocó descubrir a una doctora que me ayuda a cuidar mi salud general, haciéndome estudios recurrentes y revisando mis suplementos alimenticios. También tengo una sesión semanal con mi facilitadora energética que me ayuda a bajar procesos internos con diferentes técnicas. Soy alguien a quien le gusta mucho experimentar, así conocí las barras de Access y la acupuntura, dos herramientas que un especialista me practica cada semana.

La meditación y el yoga han cambiado mi forma de procesar la ansiedad. La primera me costó mucho trabajo, intenté meditar durante un año, hasta que lo logré. Es algo que suelo hacer casi todos los días, por lo menos cinco minutos, aunque sé que si no lo hago no pasa nada, ya mañana lo retomaré.

Por último, trato de programar un masaje cada 20 días para eliminar todas esas contracturas que mi cuerpo aún no suelta. Pero todo esto tiene una base fundamental, el amor y convivencia de mi familia, amigos, pareja, etcétera.

A mí no me alcanzan los pesos para tanta consentidera, jajaja, así que he aprendido a hacer muchas de esas cosas yo sola. Cuando mi mente está bajo control, optimizo todas las herramientas que tengo para mantenerla así el mayor tiempo posible: practico yoga, medito, soy estricta con mis horarios de sueño, paso tiempo con mi hija, como saludable y me río a carcajadas con mi esposo, mis amigas y amigos.

Por el síndrome de ansiedad generalizada he aprendido a respirar, a no tomarme las cosas tan en serio y a aceptar cuando mis trastornos mentales necesitan algo más que meditación y medicina *new age*. A veces, si mi depresión o ansiedad están causando estragos en mi creatividad, confío en los medicamentos que me recetó mi psiquiatra. (Me tardé años en encontrar a una especialista que estuviera dispuesta a solo usar medicamentos en casos extremos y a quitarlos en cuanto empiezo a dar señales de estabilidad. No me gustan estos medicamentos, pero la depresión y la ansiedad me gustan menos).

Podríamos enumerar cientos de estudios científicos y sociológicos, pero mejor te vamos a recomendar algunos libros o documentales que te pueden ayudar a entender mejor tu camino interno.

ARTHUR

- *Biología de la gentileza*, de Daniel Lumera e Immaculata De Vivo (libro)
- *Deja de ser tú*, de Joe Dispenza (libro)
- *La biología del presente*, de Sergi Torres y David del Rosario (libro)
- *Metahumano*, de Deepak Chopra (libro)
- *El poder de la intuición*, de Hrund Gunnsteinsdottir y Kristín Ólafsdóttir (documental)
- *Compartiendo con Marisa Lazo*, de Marisa Lazo (pódcast)

CAM

- *Puliendo el espejo*, de Ram Dass (libro)
- *El trabajo*, de Byron Katie (libro)
- *Stutz*, de Jonah Hill (documental)
- *Take Your Pills*, de Alison Klayman (documental)
- *Ultimate Health Podcast*, de Jesse Chappus (pódcast)
- *Mándarax*, de Leonora Milán y Alejandra Ortiz (pódcast)

BUSCA EL CÓMO...

Los cinco aspectos

Del 0 al 100, ¿qué porcentaje estás cuidando en cada rubro? Responde con total sinceridad.

Físico: .... %   Emocional: .... %   Mental: .... %

Energético: .... %   Espiritual: .... %

Medita

Durante una semana corta tu día de trabajo por 15 minutos para hacer esta meditación que nuestra facilitadora energética favorita Cecilia Iracheta creó especialmente para *Busca el Cómo*.

　　Escribe aquí lo que sientes y cómo crees que la meditación va cambiando tus días.

_____

_____

_____

Arteterapia

1. Pinta o escribe tratando de conectar con alguno de los sentimientos que tienes reprimidos.

2. Ahora escribe si esta actividad tuvo efecto en alguna de estas áreas.

a. Expresión emocional: el arte proporciona una vía segura para expresar emociones difíciles de comunicar verbalmente. ¿Crees que esta actividad te ha ayudado a procesar experiencias traumáticas o dolorosas?

b. Reducción del estrés: participar en actividades creativas es una forma efectiva de reducir el estrés y la ansiedad porque la concentración en una tarea creativa desvía la atención de las preocupaciones del día a día. ¿Te sientes más relajado después de esta actividad?

c. Aumento de la autoestima: la creatividad ofrece la oportunidad de experimentar la satisfacción al lograr una obra de arte. ¿Crees que esta actividad ha fortalecido la confianza en ti mismo o fomentado una actitud positiva hacia tus propias capacidades?

d. Desarrollo de habilidades de afrontamiento: la creatividad implica superar desafíos y enfrentarse a la incertidumbre. ¿Te ha ayudado este ejercicio a afrontar algo que evadías? ¿Crees que podrías utilizarlo para afrontar otras situaciones en tu vida?

Antiestrés

1. Pégale a una almohada por cinco minutos.

2. Escribe en flujo de conciencia y sin pensar todo lo que sientes.

_____

_____

_____

3. Repite este ejercicio cada vez que sientas que lo necesitas.

Trabaja tus emociones

Tómate cinco minutos para responder las siguientes preguntas. Trata de hacer este ejercicio cada 15 días, se trata de verbalizar lo que tenemos adentro para liberarlo.

ENOJO
¿Qué te enoja?

_____

_____

¿Qué personas te enojan?

_____

_____

¿Qué situaciones te enojan?

_____

_____

TRISTEZA

¿Qué te pone triste?

_____

_____

¿Qué te pondría triste?

_____

_____

¿Qué personas te ponen triste?

_____

_____

FELICIDAD

¿Qué te pone feliz?

_____

_____

¿Qué personas te hacen feliz?

_____

_____

¿Qué situaciones te hacen feliz?

_____

_____

¿Qué lugares te ponen feliz?

_____

_____

MIEDO

¿Qué te da miedo?

_____

_____

¿Quién te da miedo?

_____

_____

¿Qué situaciones te hacen sentir miedo?

_____

_____

¿Qué lugares te dan miedo?

_____

_____

CONFIANZA, AUTOESTIMA, AUTOSABOTAJE Y EL SÍNDROME DEL IMPOSTOR

¿Te ha pasado que no te crees suficiente y esa falta de confianza está acabando con tu potencial creativo?

Uno de los síndromes más populares de nuestros tiempos es el del impostor, un fenómeno psicológico por el que una persona cree que no es inteligente, capaz o creativa, a pesar de que las evidencias indican que lo es. Básicamente es sentirte como un impostor cuando en realidad no lo eres. Este síndrome no tiene nada que ver con la baja autoestima. De hecho algunos investigadores lo han vinculado con el perfeccionismo.

Seguro lo has vivido de alguna de las siguientes formas: no puedes creer que te hayan seleccionado a ti para ese trabajo; dedicas muchas horas más a tu trabajo de las que deberías porque piensas que te están pagando más de lo que mereces; crees que no eres lo suficientemente bueno para escribir un libro; aseguras dentro de ti que nunca serás capaz de alcanzar tus metas y que ese gran reconocimiento que obtuviste se debe más a la suerte que al trabajo que hiciste.

Lo más seguro es que en algún momento de la vida no te has sentido listo para hacer algo que te están ofreciendo. Y no solo hablamos de trabajo, en este momento te podría estar cortejando alguien muy interesante pero simplemente no te sientes listo para poder dar lo que quieres o tienes que dar.

Soy enemigo del *tienes*.

Pues TIENES que hablar de eso más adelante.
Hay una tendencia significativa a minimizar y subestimar el éxito en quienes padecen el síndrome del impostor. Si es así, posiblemente ya tienes identificado cuando estás en esos espacios de duda que se sienten como baja autoestima, pero aún no logras descifrar cómo puedes salir de ellos.

Si te identificaste con casi todos los puntos anteriores venimos a decirte que no estás solo: actualmente hay muchos más creativos que nos sentimos insuficientes que lo contrario. Lo bello es que existen herramientas que te ayudarán a tener una mejor percepción de ti mismo y de tu trabajo. Como en todo, no hay una talla única que les quede a todos, estamos seguros de que superar estos males es algo que solo podrás hacer tú mismo, así que, ¡manos a la obra!

¿CÓMO CONFIAR EN TI MISMO?

Te vamos a platicar algo que Cam y yo estamos viviendo justo en este momento, mientras escribimos este capítulo. Yo siempre había tenido ganas de escribir un libro, pero reconozco que no soy un escritor. Así que pensaba que tendría que haber estudiado algo relacionado con Letras para poder escribir, y obvio era impensable que, aunque lograra escribir ese libro, alguna editorial se aventara a publicarme. Un día, ya que estábamos en el proceso de escritura de este libro, Cami me dijo: "Güey, si no fuera un buen libro ¿por qué lo publicaría Penguin Random House? No es como que seamos sus primos que escriben bonito, así que definitivamente no nos están haciendo un favor. Si ellos quieren que escribamos este libro es porque ven que hay algo que tú y yo, juntos en este proceso, no podemos dudar: tenemos que confiar en nosotros".

¿CÓMO?

Confiar en ti y en tu trabajo es un proceso de todos los días; aunque parezca egocéntrico, a veces necesitamos la aceptación del otro, el aplauso de nuestros compañeros y el reconocimiento ajeno. Además, siempre buscamos que aumente la retribución por nuestro trabajo. Pero ojo: todos esos incentivos vienen del exterior y al final son reacciones o apreciaciones que no puedes controlar. Así que, si estás esperando que la confianza llegue del exterior estás perdido, porque la única persona que tiene que darse valor eres tú mismo.

Cuando empieces a apreciar tus ideas y tu trabajo te darás cuenta de que la autoestima es contagiosa y verás que quienes te rodean empezarán a valorarte también. Es la clásica ley de la atracción: lo que atraes es lo que proyectas. Proyecta confianza y la recibirás.

He tenido que aprender a recibir comentarios positivos y negativos sobre mi trabajo sin tomarme las cosas personales, porque lo que me están diciendo no es directamente sobre mí, es sobre lo que estoy creando. En este trayecto en contra del síndrome del impostor he aprendido a quererme como soy y a separar a Camila del trabajo de Camila, o de los resultados del trabajo de Camila. En mi estudio en San Miguel de Allende tengo a la vista —pegada a la pared frente a mi escritorio o sobre mi escritorio— toda la evidencia de mi trabajo: revistas, artículos, premios, mi libro, etc., y cuando dudo repaso todos esos logros, eso me ayuda a sentirme más arropada a la hora de aventarme a algo nuevo.

Ahora bien, la desvalorización tiene su otro extremo: esas personalidades que exceden su nivel de confianza sin tomar en cuenta la percepción de los otros. Son los clásicos "nadie tiene nada que enseñarme porque ya lo sé todo" o "no me importa a quién tenga que pisar, soy yo quien debe llegar a la cima". Esa sobreconfianza tampoco es realista y mucho menos sana. Creemos que debe haber un balance entre lo que creemos sobre lo que nosotros mismos pensamos de nuestro trabajo y lo que nos dice el resto del mundo. Esto quiere decir que, aunque no nos tenemos que creer todo lo que los demás piensan de nuestro trabajo, escuchar la crítica y trabajar desde ella es importante para nuestra propia confianza en lo que hacemos y para nuestro crecimiento y desarrollo en cualquiera que sea la actividad en que nos desenvolvemos.

AUTOSABOTAJE Y MIEDO

El autosabotaje, otro gran enemigo de la creatividad y el desarrollo personal, es un síntoma o una consecuencia del síndrome del impostor. Sucede que cuando creemos que no somos capaces de hacer algo inconscientemente nos ponemos todos los obstáculos posibles para que eso sea una realidad. Diría nuestro buen amigo y creativo Jorge Fajardo: "Los pensamientos y las ideas son el arquitecto de tu realidad. Y las palabras, los signos, son quienes construyen esa realidad que tus pensamientos están diseñando".

Nosotros creamos nuestra realidad. Y si tú mismo crees que no eres suficiente para hacer algo, te aseguro que vas a crear todas las situaciones que te impedirán hacerlo. En momentos en que no me creo lo que me está pasando, para mí ha sido indispensable reconocer que el mundo real es bien crudo, que todo el mundo está jugando a "sálvese quien pueda" y que nadie me va a hacer el favor de nada. Todas las personas que me apoyen en mi camino están esperando recibir algo a cambio. Cuando dudo, pienso que si mi trabajo no fuera bueno y suficiente alguien más lo estaría haciendo.

× 2... Peeero, tengo algo muy claro: si hoy me está llegando algo es porque estoy listo para tomarlo. Si hoy se me presenta una oportunidad es porque ya me tocaba. Y la tomo.

Para empezar tenemos que confiar en que no hay ningún destino y nuestro propósito radica en descubrir a dónde vamos con lo que tenemos a la mano. Evidentemente este proceso estará repleto de miedos (*spoiler alert*: ¡esos miedos siempre van a estar!). Recuerda que el miedo no es más que un villano para nuestra creatividad y no debes dejar que te distraiga en el camino. Nos atrevemos a hablar de los miedos con autoridad y confianza porque nuestro proceso creativo ha estado plagado de ellos.

Desde que tengo uso de razón le temo a la oscuridad, incluso hoy duermo con alguna luz prendida. Además, durante años (sobre todo en ese espacio inseguro que fue mi adolescencia) tuve miedo de no encajar, de que mis ideas se salieran de la norma. Tenía —y aún tengo en algunos momentos de vulnerabilidad— miedo a estar sola.

Poco a poco, en nuestros procesos nos hemos dado cuenta de que salirse de la norma y no encajar son dos increíbles actitudes de aquellas personas que han logrado alcanzar el éxito al que aspiramos, y analizando esos procesos también nos dimos cuenta de que esos miedos no sirven de nada más que para detener y alentar los procesos creativos. Sugerimos que pienses cuáles de tus miedos son racionales (aquellos que necesitas tener para mantenerte con vida: está bien tener miedo a manejar con los ojos vendados) y aquellos que son irracionales y que más bien nos han sido impuestos por un sistema al que no le conviene la innovación y la autenticidad.

Iniciar un proyecto es una enorme bendición, pues la "hoja en blanco" representa un mundo de posibilidades, un reto que para algunos puede generar confusión o miedo, y es que para algunos trabajar sin instructivo puede ser aterrador. Pensemos, ¿de dónde viene ese miedo?, ¿es un miedo a equivocarnos o a descubrir que en este momento no tenemos las herramientas necesarias para empezar?

Es importante entender que todos estamos improvisando sobre nuestras hojas en blanco, nadie tiene la certeza de a dónde lo llevará, pero dicen por ahí que lo importante es el camino, no el lugar de llegada. Confía en el proceso y en las ocurrencias de tu mente y déjate ir.

EL CAMINO NO ES RECTO

Una vez un jefe me dijo que el principal error que cometíamos las personas de mi generación (los *millennials*) era que nos comparamos todo el tiempo y que por eso siempre estamos queriendo lo que tiene el otro. Nos preguntamos por qué el güey que es un año mayor que yo ya es gerente cuando yo —que llevo cinco años en esta empresa— continúo siendo asistente.

Algo he entendido en este proceso: todos estamos escalando la misma montaña, pero no todos vamos al mismo ritmo. Mi recomendación es: traza el mapa que a ti te va a llevar a la cima de la montaña y, si crees que te servirá de algo, pídeles consejo a quienes van más arriba. Estoy seguro de que te pueden aconsejar qué hacer en caso de avalancha.

A veces uno tiene que hacer una pausa en alguna parte de la montaña para ver el atardecer mientras otros siguen el camino sin distracciones.

Detente a ver el atardecer las veces que quieras, en verdad no hay prisa. Confía en que con tomar las oportunidades que llegan en el momento correcto estás haciendo suficiente.

Si crees que es necesario muévete del lugar donde estás y estira tu cuerpo como si te acabaras de levantar; estírate mucho, muchísimo, lo más que puedas y da tres respiraciones profundas. Tu cerebro necesita aire fresco y agua para funcionar, así que visita la naturaleza de vez en cuando y no olvides mantenerte hidratado todos los días, recuerda que los seres humanos somos 80% agua.

> "NO ERES RESPONSABLE DE LA MANO DE CARTAS QUE TE HAN REPARTIDO, ERES RESPONSABLE DE SACAR EL MÁXIMO DE LO QUE TE HA TOCADO".
>
> Christopher Sommer

Entrar en espacios en donde te sientes cómodo y confiando en tus talentos no es sencillo, descubrir esos espacios es un proceso que debes realizar todos los días. Lo que sucede es que como seres humanos tenemos la posibilidad de evolucionar —aunque hay quienes eligen no hacerlo—. Nos interesa hacer énfasis en esta elección que tenemos todos porque no hacerlo, no aventurarnos a descubrir lo que somos capaces de hacer, nos limitará de la increíble experiencia de conectar con nosotros mismos, y ese sí que es un viaje interesante al interior de uno mismo.

BUSCA EL CÓMO

Aprecia tu evolución

1. Escribe en la siguiente tabla todo lo que has logrado en el pasado, lo que estás logrando en el presente y todo lo que quieres lograr en el futuro. Esto te ayudará a darte cuenta de que hoy no eres el mismo que quien escribía en el pasado y que en el presente estás cada vez más cerca de lo que quieres en el futuro.

PASADO	PRESENTE	FUTURO

Si ves que no estás avanzando mucho, cambia la fórmula o la receta, siempre estás a tiempo de hacer cambios.

Recibe las críticas

1. ¡Atrévete! Comparte algo de tu trabajo creativo en redes sociales o con tus amigos cercanos.

2. Reconoce y escribe aquellos sentimientos de impostor que surgieron al realizar este trabajo. Esto te ayudará a romper el ciclo de pensamientos negativos porque al escribirlos puedes observarlos desde otra perspectiva y alejarte de ellos.

3. Escucha los comentarios de tus seguidores y amigos, anótalos, créetelos y mantén la lista cerca de ti para consultarla cuando te respire cerquita el síndrome del impostor.

Los comentarios de otras personas:

_____

_____

_____

_____

Tus fortalezas y logros, según tú mismo

1. Haz una lista de tus fortalezas que eres capaz de reconocer.

2. Ahora haz una lista de tus logros.

3. Cuando sientas que el síndrome del impostor te ataque, vuelve a esta lista.

Fortalezas

_____

_____

_____

_____

Logros

_____

_____

_____

_____

PAUSA CREATIVA

Vivimos a una velocidad tan acelerada que no siempre somos conscientes de lo que sucede a nuestro alrededor. Nos sorprendemos cuando escuchamos cantar a un pájaro porque en nuestra intensidad los hemos bloqueado. Conectar con tus sentidos te ayudará a ser más sensible a la hora de crear, además notar aquello que normalmente das por sentado puede ser una enorme fuente de inspiración.

Agudiza tus sentidos

1. Pon un temporizador de cinco minutos.

2. Cierra los ojos y pon atención a todos los sonidos a tu alrededor: ¿de dónde viene el canto de los pájaros?, ¿qué tipo de auto es el que escuchas pasar?, ¿de quiénes son las voces que escuchas en la distancia?, ¿percibes el ruido de tu refrigerador? Escúchalo todo hasta que se termine el tiempo.

3. Ahora anota lo que escuchaste y cómo lo percibiste.

_____

_____

_____

_____

"EL QUE NO QUISO CUANDO PUDO, NO PODRÁ CUANDO QUIERA. ATTE.: LA OPORTUNIDAD".

Cristo Fernández

RITUALES Y RUTINAS CREATIVOS

Todos los días Beethoven se levantaba a las seis de la mañana y se preparaba una taza hecha con exactamente 60 granos de café. De 6:30 a. m. a 2:30 p. m. componía música en su escritorio con descansos periódicos para salir a la calle. De 2:30 a 3:30 p. m. descansaba, comía y se tomaba una copita de vino. De 3:30 a 4:30 p. m. daba un largo paseo. De 4:30 a 9:30 p. m. acudía a su taberna favorita para comer y leer el periódico. Entre 9:30 y 10:00 p. m. se acostaba.

Por el contrario, Picasso se despertaba a las 11:00 a. m. y hasta las 3:00 p. m. desayunaba y dedicaba tiempo a sus amigos. De 3:00 p. m. a 11:00 p.m. pintaba y de 11:00 p. m. a 12:00 a. m. cenaba. En la madrugada, de 12:00 a 2:30 a. m., pintaba de nuevo. Y entre 2:30 a. m. y 3:00 a. m. se acostaba a descansar.

 Soy más *team* Beethoven.

Un *ritual* es una acción, o serie de acciones, que se repite a menudo en un entorno religioso o social. Así, un *ritual creativo* es una serie de acciones que nos preparan para el momento de crear; son esas acciones que hacemos y que envían a nuestro cerebro la señal de que "ha llegado el momento de crear". No es lo mismo un ritual que un hábito, el segundo es la automatización de una acción para ahorrar energía (lo hacemos sin darnos cuenta) y los rituales, para serlo, necesitan de una intención y de nuestra completa atención. De hecho desde pequeños, en la casa o en la escuela, nos han enseñado creencias, rituales y rutinas distintos. Alejandro Jodorowsky dice en *Psicomagia* que los rituales logran desarmar al inconsciente y conseguir cambios en la persona.

Una creencia popular, por ejemplo, es que las personas visionarias rechazan este tipo de rituales o rutinas y buscan la inspiración en lo inesperado. Por supuesto que eso no es cierto en todos los casos, hay genios que necesitaron estudiar, practicar y desarrollar sus habilidades para alcanzar su máximo potencial creativo. Nosotros hemos visto, estudiando las rutinas de distintas personas a las que admiramos, que muchas de ellas siguen rutinas diarias y que ese orden es lo que les ha permitido aprovechar al máximo su potencial creativo.

BUSCA EL CÓMO: EL LIBRO

Generar una rutina y encontrar estos oasis de rituales creativos dentro de ella es cosa de uno mismo. Nuestros ciclos de sueño varían entre una persona a otra, nuestras necesidades alimenticias o de ejercicio también lo hacen. No hay una rutina que podamos seguir al pie de la letra todas las personas, por eso este proceso es mucho de experimentar y, sobre todo, de ser curioso.

UNA RECETA PERSONAL

Encontrar un momento contigo mismo para identificar cuáles serían tus rituales va a llevar un poco de tiempo porque es como armar una receta personal: tienes que probar muchos ingredientes y sus combinaciones, con la intención de destapar tu proceso creativo. No desesperes, vale mucho la pena desentrañar tu proceso interno, así que ha llegado la hora de perseverar.

 Cuando voy a comenzar a escribir preparo todo lo que hay a mi alrededor. En primer lugar me aseguro de haber organizado mi día para tener la tranquilidad de que ese tiempo que establecí para escribir solo será para eso y que no tengo nada más por lo que preocuparme. Me siento en mi estudio en el escritorio que perteneció a mi bisabuelo (que era catedrático de la lengua española y con el que, aunque nunca lo conocí, siempre he sentido una conexión mística y profunda) y enciendo una vela aromática (de las que hace mi prima y hermana Chantal). Me preparo un té verde o un café (depende del estado de mi gastritis), pongo la misma *playlist* siempre (tengo una por cada proyecto en el que estoy escribiendo), enciendo la modalidad "no molestar" en mi celular y me salgo de todas las aplicaciones de *mail* o mensajería desde mi computadora. Así, con la puerta cerrada y los estímulos materiales, afectivos y emocionales bien activados, puedo empezar a escribir.

 Yo suelo tener pequeños rituales durante el día, entre ellos están un diario de gratitud, que escribo en las mañanas. Pongo música de cuencos o enciendo un incienso y una veladora. También suelo hacer algunas oraciones durante la mañana. Cuando leo, siempre trato de prepararme un trago (llámese la cuba, el coctelito o el famoso digestivo).

Entre los villancicos y las cubas se está diluyendo nuestra amistad...

Se está cumpliendo el objetivo...

Nuestros rituales son muy diferentes, los de Cam son muy prácticos y los de Arthur son más espirituales. Esta es solo una prueba de que no hay una receta que funcione para todos y de que cada quien tiene que crear su propio pastel. Además, estos rituales pueden estar directamente relacionados con el momento de la creación o más bien realizarse con la misión de mejorar nuestro estado de ánimo a cualquier hora , lo que por consecuencia propiciará momentos de creatividad durante el día.

Si aún no tienes identificados tus rituales, te recomendamos que al final de tu jornada hagas un repaso mental de todo lo que hiciste, de cómo lo hiciste y de cuáles fueron los momentos o acciones en los que te sentiste conectado con tu creatividad. Hazlo diario durante una semana e identifica las actividades o actitudes que haces todos, o casi todos, los días.

Y no todos los días deben tener una rutina. Hay fines de semana en los que yo no hago nada parecido a lo que hago entre semana. Ese salir de la rutina me ayuda a concentrarme en otras cosas, como pasar tiempo con mi familia, cocinar o conocer personas nuevas.

CONTACTO CON LA NATURALEZA

La doctora Immaculata De Vivo, maestra de Medicina en la Harvard Medical School y profesora de Epidemiología en la Harvard School of Public Health, habla de un estudio generado en 2018 por varias universidades europeas y estadounidenses para identificar los beneficios del contacto entre los seres humanos y la naturaleza. El objetivo era buscar si había respuestas positivas en el organismo. En el estudio participaron 19 806 personas que vivían en Inglaterra, a todas las cuales se les hizo un seguimiento de hábitos, estado de salud, proximidad a zonas verdes y el tiempo que pasaban interactuando con la naturaleza. El resultado fue increíble: comprobaron que pasar al menos 120 minutos a la semana en contacto con la naturaleza aumenta considerablemente varios de los principales indicadores de una buena salud.

Seguramente te estás preguntando qué beneficios en específico. Un año después de aquel estudio la doctora Immaculata nos comparte que un equipo portugués, en colaboración con la New York University, profundizó en dicho estudio. Tras observar el perfil de 3 108 niños de siete años en el área metropolitana de Oporto llegaron a la conclusión de que tener contacto con la naturaleza tiene beneficios en el sistema inmunológico, las reacciones inflamatorias, el sistema metabólico y el sistema cardiovascular. En conclusión, incluir a la naturaleza en tu día a día tiene un efecto positivo en el cuerpo y la mente, pues se asocia con la reducción de varios indicadores del estrés.

Y esto no acaba aquí. En 2017 varias universidades españolas concluyeron un estudio realizado a 253 niños de edad escolar a través del cual identificaron que la *rumiación* —las cavilaciones obsesivas sobre una cadena de pensamientos que no pueden romperse— es uno de los factores para el desarrollo de la depresión y otras enfermedades mentales. Estas investigaciones han demostrado que dar un paseo de 90 minutos en la naturaleza puede reducir los niveles de rumiación. En cambio, un paseo de la misma duración en un entorno urbano no generó los mismos resultados, lo que nos sugiere que tener este contacto con la naturaleza puede ayudarnos en nuestros procesos para mejorar la salud mental colectiva.

Muchas veces queremos tener el respaldo de la ciencia para entender cómo suceden las cosas, y es que si algo ya ha sido comprobado quiere decir que sí funciona. Si quieres adentrarte un poco más en estos estudios te recomendamos revisar la carrera de la doctora Immaculata De Vivo. También en su libro *Biología de la gentileza* puedes encontrar a detalle algunos de estos.

LISTA DE PROPÓSITOS

Si alguna vez has sentido que pierdes el enfoque y no encuentras cómo retomarlo, a nosotros nos ha servido mucho hacer una lista de propósitos. Los propósitos no se tienen que hacer solamente al inicio de un nuevo año, puedes hacerlos cada semana. Empieza con microdosis de propósitos, ya que cuando la meta está cerquita es más fácil mantenernos motivados.

- No fundirme en 300 días.
- Apagarme ocho horas todos los días.
- Ser el foco de atención.

A veces estamos más preocupados por lo que pasa afuera que por lo que pasa adentro y ahí es cuando comienzan a aparecer estos villanos que nos distraen de la meta o el objetivo que nos hemos propuesto. Si eso pasa puedes regresar siempre a tu lista de propósitos.

¡Que nunca se te olvide que el objetivo actúa como un motivador!

BUSCA EL CÓMO

Investigación de campo

1. Acércate a tres de tus amigos, jefes o compañeros de trabajo y pregúntales cómo son sus rutinas y rituales creativos.

2. Escríbelos aquí:

AMIGOS O COMPAÑEROS DE TRABAJO

RITUALES

RUTINA

3. Durante la siguiente semana sigue con cuidado la lista y prueba los que resuenen contigo. ¿Cómo se ve ahora tu rutina?

> **"BASTA CON UNA SOLA REGLA: EL QUÉ HACES ES MÁS IMPORTANTE QUE EL CÓMO HACES, Y HACER ALGO BIEN NO LO CONVIERTE EN ALGO IMPORTANTE".**
>
> **Tim Ferriss**

Agrega rituales a tu día

Ya que tienes tu rutina completa de un día poco a poco ve agregando algunos de los rituales y actividades de la lista que hay a continuación:

RITUAL	LUNES	MARTES	MIÉRCOLES	JUEVES	VIERNES	SÁBADO	DOMINGO
Caminata							
Audios de contribución							
Meditación							
Yoga							
Lectura							
Terapia psicológica							
Facilitación energética							
Acupuntura							
Suplementación							
Videojuegos							
Series o películas							
Cursos							

7

LAS REDES SOCIALES: ¿NOS AYUDAN O NOS DESTRUYEN?

Son las 10:15 a. m., estoy a la mitad de escribir un correo importante para mi linda editora, cuando de pronto me entra una llamada que tengo que contestar. Al colgar, con el teléfono en mano, decido entrar a Instagram solo para "ver qué hay". Una hora después estoy en el *feed* del primo de un amigo del exnovio de mi mejor amiga. Llevo una hora perdida en esta red social. Por cierto, el correo que empecé a escribir lleva todo ese tiempo esperando ser enviado.

Son las cinco de la tarde, necesitamos ideas para la portada de este libro. Decidimos entrar a Instagram y Pinterest a buscar cuáles son las portadas más chidas de este año. Después de 15 minutos juntamos 10 opciones sobre las que iremos trabajando la portada de este libro.

UN ARMA DE DOBLE FILO

Una vez más nos enfrentamos al dilema de la hiperconexión. Según cifras del Instituto Nacional de Estadística y Geografía (Inegi) de 2022, 98.6 millones de personas en México cuentan con acceso a internet y el tiempo promedio que destinan los usuarios a internet es de ocho horas con siete minutos (WhatsApp, Facebook, Instagram, Messenger y YouTube), de 16 horas que estamos despiertos cada día.

¡Güey! Es que son malditas y te atrapan... Yo me doy cuenta de que estoy en la noche, ya terminé mi día, estoy en mi cama con mi esposo viendo una serie, y yo, en lugar de estar en ese bello momento presente ¡estoy en Instagram! Y mientras estoy en Instagram ando pensando que qué horror: atrapada en lugar de disfrutar de mi presente. Pero ahí sigo. Es realmente un problema.

Las redes sociales pueden ser una excelente plataforma para dar a conocer nuestro trabajo y para conocer el de otras personas. También para conectar con aquellos con quienes queremos trabajar o colaborar.

Las redes sociales me han servido para conectar con personas y con proyectos y así poder producir eventos, conciertos, etc. No saben cuántos contactos he sacado de redes sociales. Un día me contactaron por Instagram para invitarme a dar una conferencia en una universidad en Cancún. Me sorprendió que me hubieran buscado por ahí y les pregunté cómo habían llegado a mí. Su respuesta fue: te vimos en TikTok. Me saqué de onda... NO TENGO TIKTOK... Me explicaron que me vieron en algunas entrevistas que me han hecho y que esos medios lo han subido a esa plataforma. Efectivamente, me llegó dinero por estar en redes sociales (aun cuando haya sido de manera involuntaria).

Entonces, ¿cómo podemos balancear nuestra relación con las redes sociales para que sean una herramienta y no un dictador al control de nuestra vida?

Mark Manson, autor de *El sutil arte de que (casi todo) te importe una mierda*, dice que es importante revisar constantemente todo lo que consumimos, leemos y vemos en redes sociales porque eso que consumimos genera los futuros pensamientos que vamos a tener y las distintas perspectivas con las que podemos resolver. Pregúntate qué del contenido de tus redes sociales es lo que quieres ver y consumir y qué solo está generando ruido, distracciones, inseguridades y fugas de tiempo. Hay un dicho popular que dice: eres lo que comes. Hoy en día podríamos repensarlo hacia: eres lo que consumes en tus redes sociales.

UNA FUENTE DE INSPIRACIÓN

Ahora la pregunta del millón: ¿las redes sociales estimulan nuestra creatividad? Creemos que utilizadas con medida y conciencia, sí. Muchas veces nos hemos inspirado de los perfiles de alguien más. Un ejemplo claro es que cuando queremos pintar la pared de nuestro comedor lo primero que hacemos es meternos a Pinterest o a Instagram para buscar ideas entre los perfiles de cientos de diseñadores de interiores y expertos en color.

Cuando quiero usar las redes sociales para inspirarme hago dos cosas: la primera es que no me meto a mi *feed*, más bien escroleo en la sección de Explorar, esto me ayuda a no perderme en los chismes de mis amistades y mantenerme en mi búsqueda de inspiración. La segunda es que utilizo *hashtags* para focalizar el contenido solamente a lo que está relacionado con mi búsqueda, esto lo hace mucho más eficiente. Ah, y un tercer punto... esto no debe llevarte más de 20 minutos. El tiempo extra ya es distracción.

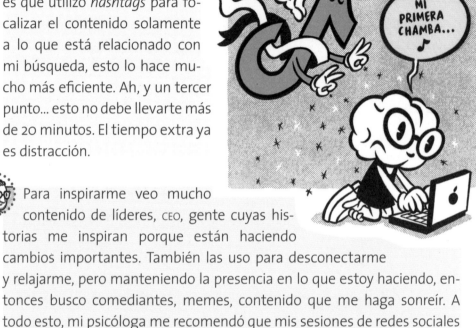

Para inspirarme veo mucho contenido de líderes, CEO, gente cuyas historias me inspiran porque están haciendo cambios importantes. También las uso para desconectarme y relajarme, pero manteniendo la presencia en lo que estoy haciendo, entonces busco comediantes, memes, contenido que me haga sonreír. A todo esto, mi psicóloga me recomendó que mis sesiones de redes sociales no duren más de 20 minutos. Confieso que me cuesta trabajo.

¡Chócalas! (dice mientras cliquea "ignorar" a la alerta de exceso de tiempo en redes sociales de su celular).

> **"SOMOS MENOS FELICES Y MENOS PRODUCTIVOS QUE NUNCA PORQUE SOMOS ADICTOS A LAS REDES SOCIALES".**
>
> **Marta Peirano**

BUSCA EL CÓMO

Sana tu algoritmo

1. **Elimina cuentas que sigues.** Revisa a quién sigues en redes sociales. Deja de seguir a todas las personas que no aportan a tu vida y creatividad. ¡Deshazte del ruido! Elimina a todos aquellos que te hacen compararte con el éxito o logros de otros. Deja de seguir a quienes no te enseñan cosas nuevas o no estimulan tu creatividad. Y diles adiós a quienes te hacen sentir mal de alguna manera. Después comienza a seguir más cuentas que desatan tu proceso creativo. Si no sabes a quién seguir, revisa la sección de Seguidos de alguna de tus cuentas favoritas y explora esos perfiles, sigue a quienes creas que pueden sumar algo a tu vida.

2. **Pide a tus amigos que te recomienden dos cuentas que los inspiren.** Explóralas, tal vez te inspiren a ti también. Tu algoritmo empezará a cambiar el rumbo en favor de tu creatividad y salud mental. Instagram tiene un límite de personas que puedes eliminar cada día, así que este no será trabajo de una tarde, pero persevera, lo agradecerás.

3. **Silencia.** Hay amigos y familiares que no quieres eliminar, pero que no necesariamente te aportan algo. También están aquellas personas con quienes no tienes más contacto que en las redes sociales. Dales Silenciar a las historias de esas personas, no lo sabrán y a ti no te sirve de nada saber que están de vacaciones cinco meses del año. Cuando tengas muchas ganas de saber de ellas busca sus perfiles y entérate en un día de lo que han hecho en los últimos meses.

4. **One Sec App.** La idea de esta aplicación es darte un poco de tiempo antes de abrir cualquier app. De hecho, te pregunta si quieres realmente abrir una aplicación en específico. Si decides abrirla, te preguntará por qué razón quieres abrirla. Nosotros nos hemos sorprendido queriendo abrir YouTube por razones poco convincentes como aburrimiento, estrés o angustia. Así sabrás qué sentimiento te está llevando a abrir las redes sociales.

5. **Reduce la estimulación de la pantalla de tu celular.** Cambia los íconos de tus aplicaciones por una versión menos atractiva y colorida de cada una. Hacer una pantalla más monótona no estimulará tanto tu cerebro. También puedes silenciar las notificaciones de las apps de redes sociales para que solo las abras cuando quieras.

6. **No cargues tu celular durante la noche.** De esta forma lo tendrás que cargar durante la primera hora de la mañana; podrás pasar esa hora sin distracciones e iniciar tu rutina de cada día.

Casi todos los celulares tienen una opción para restringir tu tiempo en redes sociales. Búscala en la sección de Configuración y prográmalo para que te avise cuando lleves una hora seguida en alguna red social. Esto te ayudará a ser más consciente del tiempo que dedicas a estas plataformas.

TENGO UNA IDEA, ¿CÓMO LA ATERRIZO?

Elizabeth Gilbert dice que las ideas andan buscando quién las haga, que están en el cosmos volando y saltando de cabeza en cabeza para encontrar al valiente que se atreva a hacerlas. Por eso, posiblemente, en algún momento de tu vida al descubrir algo nuevo hayas dicho: "Se metieron a mi mente, esa idea yo la tuve primero". La cosa es que las ideas no pertenecen a quien las tiene, sino a quien las hace.

Como creativos, tenemos cientos de ideas a lo largo de nuestra vida. Algunas son geniales, pero abrumadoras, y eso puede hacer que nunca las llevemos a cabo. ¿Cuál es la mejor estrategia para aterrizar una idea?

Arthur me dijo alguna vez —y me cayó como un balde de agua fría—: cuando tienes una idea, lo primero que tienes que hacer es observarla siendo realista y analizar si es algo que hoy tú, con los recursos que tienes (tiempo, dinero, personas, etc.), puedes hacer. No significa que si no tienes hoy todo el dinero que necesitas para materializar tu idea ya no la vas a llevar a cabo, pero sí que desde el principio sabes que, antes de empezar a hacer cualquier cosa, tienes que conseguir un inversionista o lo que sea que necesites. Eso es muy importante y lo aprendí en mis 30. Es que muchas veces arrancamos muy inspirados por un proyecto la idea que tuvimos, le dedicamos mucho tiempo a planearla y echarla a andar y en un momento clave (ya avanzados) nos damos cuenta de que no podemos hacerla solos, para entonces es más difícil integrar a alguien que si lo hubiéramos pensado desde el inicio.

 Así es, qué bueno que escuchas mis sabios consejos.

LIBRETA DE IDEAS

Hay momentos o espacios de intimidad o soledad que propician una conexión creativa con nuestras ideas: a Cam le pasa mientras maneja, a Arthur mientras se baña. Claro está que no vamos a escribir cuando manejamos o cuando nos bañamos, pero ¿qué hacemos con esas ideas? Cam las graba en una nota de voz en el celular y después (si se acuerda) las transcribe en

CAM • ARTHUR • KILLER QUAKE

la libreta de ideas; Arthur ¡las deja ir!, con la esperanza de que si vuelven a su mente es porque, aferradas como su ex, buscan una segunda oportunidad, y ahora sí las apunta. Tampoco es necesario aferrarnos a todas nuestras ideas, mientras más las dejes fluir más de ellas llegarán a ti.

Algo que nos ha funcionado es tener una *libreta de las ideas*. No necesariamente tiene que ser de papel, puede ser una nota en el celular o un *mail* que te mandes a ti mismo, lo que sea. Ahí vas escribiendo tus ideas, a lo largo de la vida, como vayan llegando, sin juzgarlas, pero, sobre todo, sin darles una fecha de caducidad. (Tal vez no lo puedes hacer hoy, pero quién dice que no lo harás en dos años). Este ejercicio sirve para liberar tu mente, ahora sabes que tus ideas están seguras en la libreta y no corren el riesgo de ser olvidadas.

SUBIR O BAJARSE DEL TREN

Nuestro trabajo día con día consiste en generar ideas y, sobre todo, hacerlas realidad. Hemos aprendido que generar ideas y analizar sus múltiples vías de realización es un trabajo. A veces las grandes empresas y el sistema capitalista nos hacen creer que tener ideas no es trabajar porque es un proceso invisible al otro, sucede en la mente del creador. Pero es un trabajo, que cansa, que toma tiempo, que necesita de cuidados y que debe ser correctamente valorado y remunerado por parte de las empresas. ¿Cómo escoges cuál de todas las ideas que generas es la que tienes que llevar a cabo hoy?

"Más poderosa que la planeación, es la elección de hacer las cosas", dice nuestra amiga, salvadora y cuidadora Muchosa, Cecilia Iracheta.

Ubícate como si estuvieras en una estación de trenes. Cada tren que está esperando salir es una idea. Tú decides a cuál te subes. Revisa la duración del viaje, el destino, cuántas personas van en el tren, cuánto cuesta el boleto y si es un viaje directo o con escalas. Analiza, ¿tienes el tiempo, el dinero y las ganas para subir a ese tren? Súbete a todos los trenes que quieras y bájate de los que no te lleven al lugar al que quieres llegar. No tienes que esperar a que llegue a su destino, tan pronto como te des cuenta de que ese no es tu tren baja y sube al siguiente. Sé curioso, explora, vive la aventura.

"PENSAR NO BASTA, HAY QUE PENSAR EN ALGO".

Roger-Pol Droit Jules Renard

En este proceso es importante empezar a preguntarte muchas cosas. No estamos acostumbrados a preguntar porque en nuestra cultura occidental no está aceptado que no sepamos hacerlo todo solos. Antes de aterrizar la idea, tienes que ser frío con la selección. Olvídate del espíritu creativo de querer cambiar al mundo, de querer desarrollar un solo proyecto que te haga millonario. Ojalá lo hagas, ojalá que así sea. Pero antes de ganarte el Oscar tienes que producir la película. *Sé frío y honesto con este proceso*.

Algunas veces esforzarnos demasiado nos hace perder el objetivo que teníamos en un principio, en ese momento en el que solo queríamos crear algo para nosotros mismos. Si lo permitimos, entra una vocecita que nos incita a competir, a querer ser "los mejores", a compararnos y evidentemente eso ocasiona que el rumbo cambie. En esos casos es necesario recordar para qué empezamos ese proyecto. Y la respuesta será: para nosotros mismos.

ASÍ ATERRIZAMOS LA IDEA QUE HOY ES *BUSCA EL CÓMO*

Queríamos hacer algo juntos. Primero nos reunimos para escuchar las ideas que cada uno tenía para esta colaboración e hicimos una lista con todas ellas. Más tarde, *de tarea*, cada uno seleccionó dos proyectos que más le llamaran. Ya con esas ideas finalistas empezamos a estudiar cuáles eran viables en este momento, tomando en cuenta nuestros tiempos y estilo de vida. Coincidimos en que el mejor formato en ese momento —vivimos en estados distintos, tenemos vidas complicadas y nuestros trabajos son muy demandantes— sería un pódcast; parecía algo que podríamos hacer en tiempos extra y cada uno desde su casa.

Cuando definimos eso llegaron varios villanos a interrumpir nuestros sueños: hay un millón de pódcasts en plataformas. ¿Quiénes somos nosotros para aconsejar sobre estos temas? ¿Cuánto va a durar? ¡A la gente le va a dar flojera escucharnos hablar! Y todo un bla, bla, bla, un villano que no vale la pena enlistar: ya te lo sabes.

Después de vencer al villano nos dimos a la tarea de estructurar temas, días de grabación, equipo de grabación, duración de los episodios y del pódcast por temporada, temas de cada episodio y medios de difusión externos al pódcast (RRSS, YouTube, etc.). Ahí definimos cuántas personas necesitábamos subir al proyecto para que fuera viable. Nuestra realidad no permitía que lo hiciéramos solos, pero tampoco teníamos mucho dinero para contratar a un equipo de personas.

Pero eso no nos iba a detener. ¿Qué podíamos ofrecer a nuestros colaboradores que no fuera dinero? Ahí empezamos un modelo de intercambio de talentos con las personas que hoy nos ayudan a hacer el pódcast de *Busca el cómo*.

Hoy el pódcast es parte del catálogo de Sonoro, una de las empresas de pódcast más grandes de América. Y el libro que estás leyendo surgió gracias a que nos aventuramos a hacerlo, aun con todo lo que nuestros villanos nos susurraban en la cabeza.

NOTA

Apenas empezaremos a cobrar después de tres temporadas. Bueno... enciendan sus veladoras para que así sea.

BUSCA EL CÓMO

1. Escribe una idea que tengas:

_____

_____

_____

2. Responde a las siguientes preguntas:

¿Qué aporta?

_____

_____

_____

¿Quiénes son mis colaboradores?

_____

_____

_____

¿Cuánto cuesta llevarla a cabo?

_____

_____

_____

¿Cuánto dinero puedo obtener de ella?

_____

_____

¿Qué otras cosas, además de dinero, puedo obtener de ella?

_____

_____

¿Es ejecutable con mis recursos?

_____

_____

¿Qué más puedo ofrecer a mis colaboradores?

_____

_____

¿Cuánto tiempo me va a tomar y cuánto tiempo tengo para dedicarle?

_____

_____

 No te desgastes queriendo empezar por bautizar tu idea; su nombre puede llegar en cualquier parte del proceso.

TAMBIÉN MUY IMPORTANTE

Explora lo que ya existe sobre esa misma idea que tienes. El mundo es enorme y en él pueden existir proyectos similares, pero es bueno conocer lo que están haciendo los otros y buscar tu diferenciador desde el inicio.

PAUSA CREATIVA

El miedo es uno de los grandes villanos de la creatividad. Por miedo no nos atrevemos a presentar nuestras ideas; por miedo no aplicamos para un trabajo o para una beca; por miedo nos resistimos a salir de nuestra zona de confort y por miedo nos congelamos ante la posibilidad de hacer las cosas distinto. También por el miedo a encontrarnos con nuestra oscuridad nos oponemos a conocernos a nosotros mismos.

¿Le temes a la oscuridad?
(Si creciste en los noventa y lo leíste cantadito, tú muy bien).

1. Ve a tu habitación, cierra las cortinas y apaga todas las luces.

2. Con la ayuda de la luz de tu celular colócate en el lugar más recóndito y alejado de la salida de tu habitación.

3. Ahora, cierra los ojos o colócate una banda para evitar que el instinto te haga abrir los ojos. El objetivo es salir del cuarto guiado con todos los sentidos menos la vista.

NOTA

Tus titubeos y tus miedos harán que no recuerdes por dónde pasar aunque hayas estado mil veces en esa misma habitación. Vas a tener que recordar cómo está acomodada. Cuántos pasos hay de tu cama a la puerta. En dónde está la silla de tu escritorio. Y qué tienes aventado en el piso. No importa cuánto te tardes, no es un ejercicio de velocidad, es de confianza.

Confía en lo que has visto y conoces, no te tiene que paralizar el escenario oscuro.[2]

---

[2] Este ejercicio es parte del libro *101 experiencias de filosofía cotidiana* de Roger-Pol Droit.

EGO Y EQUIPOS CREATIVOS

La palabra *ego* en latín significa "yo", pero en psicología el término se utiliza para hacer referencia a esa instancia psíquica que permite a una persona reconocerse a sí misma y a su personalidad. Como dice Ram Dass: el ego es un terrible amo, pero un gran maestro, pues si lo escuchamos sin que nos domine, puede ser un gran compañero en nuestros momentos de inspiración.

El ego es esa vocecita que a veces te dice que tu idea o tu propuesta es la mejor, la única e inmejorable. Y cuando trabajas con equipos creativos empieza a mostrarse de distintas formas: comentarios déspotas, el jefe que no deja que nadie más proponga, etc... y así va transformando a las personas.

Yo veo al ego como esa voz interna que quiere que todo, todo el tiempo sea sobre mí.

Es imposible deshacernos del ego, y no es lo que queremos porque es parte de nosotros y en algunas ocasiones contactar con él es necesario. Pero es importante conocerlo, ubicarlo, saber cómo actúa y cuáles son sus ambiciones para poder recurrir a él solo cuando nosotros queramos o necesitemos.

ENTRE MÁS CABEZAS CREATIVAS, MEJOR

Como directores de áreas creativas solemos lidiar con muchas personas: sus emociones, sus pensamientos y ¡sus egos! En muchas industrias relacionadas con la creatividad, buscar la aprobación y ser mejor que alguien es un deporte extremo que se vive todos los días. Querer sobresalir y ser el empleado del mes pareciera que nos hace superiores a los demás y no es así, solamente es un regalo por habernos esforzado más que los otros.

 Y es una trampa del sistema capitalista que se basa en la productividad individual: ¿por qué no podemos ser el equipo del mes?

Estoy de acuerdo, porque la empresa y las ideas las hacen un equipo, no un individuo.

Si tú fuiste uno de los que tuvieron la idea que detonó el proyecto que se va a trabajar, recuerda que realizar esa idea no es posible sin el apoyo de todo un grupo de personas. Las mejores ideas no se hacen, se crean, y para crearlas vas a necesitar más que tus dos manos y mucho más que una sola mente.

Cuando el Instituto de Cultura del municipio de Chihuahua quiso organizar un festival en su ciudad tuvo que buscar a dos productores para que lo crearan. Así fue como llegaron a Arthur y Héctor Templeton. No sabían de qué iba a ser el festival, ni a quién querían invitar, solo sabían que querían hacer algo para los jóvenes de la ciudad y que tenían un mes y medio para crearlo. Ambos propusieron que la temática fuera la creatividad y que el evento tuviera una duración de tres días en los que darían conferencias y talleres los mejores creativos del país en distintas áreas.

Arthur y Héctor tampoco podían sustentar este proyecto solos, para ello reunieron a un equipo de creativos y de producción que dirigiera cada una de las áreas necesarias para llevar a cabo la idea: diseñadores, ilustradores, *community managers*, conductores, técnicos, coordinadores de producción, coordinadores de invitados, jurídicos, administrativos, artistas visuales, editores, ingenieros de audio y de video. Un total de 100 personas se requieren cada año para que este festival sea una realidad.

Si el Instituto de Cultura se hubiera aventado a hacerlo solo tal vez hoy Referencia Norte no sería uno de los festivales más importantes de creatividad en México, con más de 15 000 asistentes cada año. Porque mientras más cabezas creativas colaboran en una idea más posibilidades existen de conectar con públicos más amplios.

Tengo una frase desde hace muchos años que ocupo al momento de entrevistar y contratar a las personas que formarán parte de mi equipo: prefiero trabajar con mejores personas que con mejores profesionales. Porque al profesional lo puedes hacer, pero hacer a una persona buena no depende de ti, si ella no quiere hacerlo no va a pasar.

No te esfuerces por querer cambiar a las personas en tus equipos, tu trabajo es incentivarlas, guiarlas y darles herramientas para que con su talento y su creatividad generen lo que tú piensas e ideas en cada proyecto.

CAM • ARTHUR • KILLER QUAKE

No seas egocéntrico y contrata gente mejor de lo que tú eres; sus ideas pueden aportar a la tuya y hacerla mejor. No quieras ser el centro de atención, mejor dirige la atención a todo tu equipo.

Define el rol de cada persona, dales la confianza y el espacio para que puedan crear, si sueltas, ellas se sueltan. Y lo más importante como líder creativo: practica con el ejemplo y que nunca se te olvide que estás trabajando con seres humanos, todos estamos trabajando por la misma meta, no dejes que el ego ni las tentaciones te desvíen. ¡Los éxitos se disfrutan más en equipo y los procesos creativos de gran escala también!

Yo pienso lo mismo y aplico la misma filosofía con mis equipos. Aunque creo que con equipos más pequeños es más fácil encontrar espacios para que todos opinen, den sus ideas y se sientan parte fundamental de la idea y del proyecto.

Ambos coincidimos en que una práctica fundamental para que cada uno de los integrantes de tu equipo se sienta parte es encontrar espacios de conversación uno a uno con cada una de las personas del equipo. Estas pláticas ni siquiera tienen que ser sobre el trabajo, más bien pueden ir hacia lo personal, sus sentires, su vida y lo que necesitan para desarrollar su máximo potencial creativo.

ADVERTENCIA No todas las personas van a querer entrar a esta dinámica ni puedes forzarlas para que lo hagan. Recuerda que todos estamos subiendo la misma montaña, pero no a la misma velocidad. Tú también estuviste abajo en algún momento y tal vez no te quisiste aventar cuando se te presentó la primera oportunidad.

> **"EL EGO ES UN INCREÍBLE MAESTRO, PERO UN TERRIBLE AMO".**
>
> Ram Dass

BUSCA EL CÓMO

Conecta con tu equipo

1. Genera una reunión (formal o informal) con cuatro personas de tu equipo: compañeros de trabajo o incluso tu jefe y pregúntales sobre ellos, sus gustos, etcétera.

2. Anota aquí tres cosas que hayas descubierto de cada uno, de su personalidad o vida personal, tres de sus talentos o virtudes y las áreas creativas en las que crees que te pueden complementar.

NOMBRE:	NOMBRE:	NOMBRE:	NOMBRE:

Equilibra tu ego

El ego está constituido por varios venenos:

Envidia
Gula
Orgullo
Ira
Soberbia
Miedo
Obstinación

Este ejercicio te ayudará a entender cómo, cuando estamos arriba del ego, nos cuesta trabajo ver desde otros puntos de vista.

1. Escoge una habitación de tu casa que cuente con cuatro paredes. Si tienes un banco o una escalera ponla al centro de esta habitación.

2. En siete hojas o cartulinas apunta las palabras que conforman el acróstico anterior del egoísmo y pega cada de una de esas hojas en alguna parte de las cuatro paredes.

3. Súbete en la escalera o banco y ve girando lentamente, leyendo cada una de las palabras que conforman el acróstico. Puedes llegar a marearte un poco, no lo hagas tan rápido. Posiblemente unas palabras te sonarán más o te incomodarán. Sé consciente de lo que estás leyendo e identifica cómo se siente.

4. Ahora haz el mismo ejercicio, pero abajo de la escalera o del banco y analiza las palabras que tienes en tus cuatro paredes, más lento, más consciente.

5. Al bajar y estar en el piso la perspectiva es diferente, hacer tierra al momento de analizar la situación cambia el enfoque. Analiza qué se siente estar arriba y qué se siente estar abajo.

10

MULTITASKING Y LA CREATIVIDAD EN EL MUNDO CONTEMPORÁNEO

Billy Porter, ganador de un Emmy a Mejor Actor por la serie *Pose*, dice que si te concentras en tu arte, siempre tendrás trabajo. El problema que hoy en día estamos viviendo es que concentrarse en una sola cosa parece ser una odisea.

Eres un artista plástico, pasas un mes encerrado en tu estudio haciendo una obra. Tú eres tu propio equipo, no hay un departamento de ventas, de *marketing*, etc. Después pasas horas moviendo esa obra en redes sociales, inscribiéndote a ferias de arte, hablando con galerías, conectando con posibles compradores y terminas dedicándole tres meses a mover tu obra. Más tiempo que lo que te tomó crearla. Ahí no acaba todo, durante ese proceso se te ocurrieron tres ideas más y tuviste la fortuna de conocer a dos creativos que te presentaron dos proyectos nuevos, ahora tu enfoque no está solamente en tu proyecto inicial. Bienvenido, esto es el *multitasking*.

LAS CONSECUENCIAS

Nos hemos preguntado qué tanto afecta el *mutitasking* a la creatividad. En su libro *Una cosa a la vez*, Devora Zack promueve el *singletasking* bajo la premisa de que hacer una cosa a la vez será mucho más productivo que hacer muchas al mismo tiempo, pues te puedes concentrar más e ir más profundo en la creación cuando solo estás enfocado en una actividad.

Según un artículo de la revista *National Geographic* hay tres aspectos en los que nos afecta el *multitasking*, pues si bien es una temática en pleno estudio, los investigadores ya alertan sobre algunas de sus consecuencias:

1. Se asocia a un menor rendimiento. Las personas casi siempre tardan más en completar una tarea y lo hacen con más errores cuando cambian de actividad que cuando se quedan con una sola. En consecuencia, "cuando se cambia de tarea se pierden los beneficios de la automaticidad y la eficiencia que provienen de permanecer enfocados en una sola tarea".

2. Tiene efectos en la estructura cerebral. Un estudio de la Universidad de Sussex investigó las relaciones entre la actividad *multitasking* de los medios y la estructura cerebral y demostró que esta última puede alterarse tras una exposición prolongada a nuevos entornos y experiencias. Concretamente, reveló que las personas que informaron mayores cantidades de *multitasking* tenían una menor densidad de materia gris en la corteza cingulada anterior.

 Adiós, mi corteza cingulada anterior debe de tener cero densidad...

3. Puede ser la mecha para encender la creatividad. Sin embargo, no todos los efectos de realizar más de una tarea al mismo tiempo son negativos, sino que el contexto puede ser importante. Datos recientes sugieren que hay ciertos dominios, como la resolución creativa de problemas, que pueden beneficiarse del cambio de tareas al reducir la concentración en un único problema.

Según Marc Bara, director del máster en Project Management de EAE Business School, "el *multitasking* ya está implementado en nuestra vida diaria". Recibimos notificaciones constantemente por grupos de la empresa en WhatsApp, Teams, Meet, entre otras apps; además, se nos saturan las bandejas de correo electrónico, tenemos multitud de canales de información y estamos permanentemente conectados a una red que no para. "Ese aumento de la conectividad y capacidad de multitarea que, *a priori*,

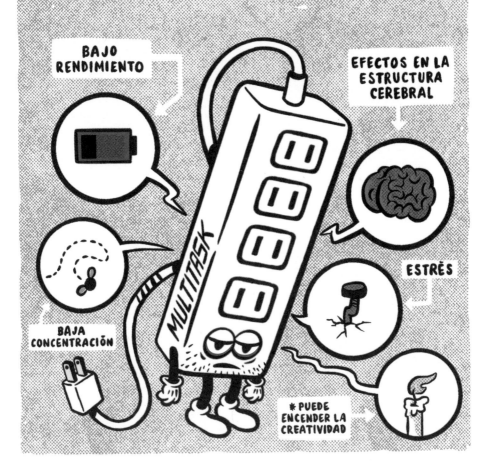

podría parecer que nos hace más productivos en realidad conduce a menudo a todo lo contrario: estrés, baja concentración y poca productividad", afirma Bara.

El estrés, al ser un estado de alerta, afecta también al resto del cuerpo, pues libera cortisol y adrenalina, que combinados pueden ser como una bomba atómica para el cerebro. También puede existir una "disminución en su inteligencia emocional, que permite resolver problemas laborales, ser elocuentes, entrar en debate o negociar, por poner algunos ejemplos".

TAREAS SIN FIN

Aunque aún queda mucho por investigar al respecto, en nuestra experiencia personal el *multitasking* constante es sumamente cansado y, como no concluyes con ninguna tarea de forma inmediata, puedes sentir que pasas el día haciendo miles de cosas, pero al final no terminaste ninguna y sientes que no hiciste nada.

Me doy cuenta de que estoy *multitaskeando* primero porque tengo 100 pestañas abiertas en mi computadora. Después reparo en que estoy saltando de tareas demasiado y que no concluyo ninguna. Por ejemplo, llevo una semana intentando enviar un *mail* para un reembolso del seguro de gastos médicos, el correo lleva en *draft* una semana y cada vez que lo veo agrego uno de los documentos que necesito enviar, pero sigo sin enviarlo. Si le dedicara media hora de un día a juntar todos los documentos que me solicitan y adjuntarlos ya hubiera enviado el maldito correo y recibido mi reembolso. Pero ahí está, esperando a que entre miles de otras actividades termine de adjuntar los documentos y dé clic en el botón de enviar. ¿Qué hago cuándo me doy cuenta? Normalmente logro concentrarme en una cosa y terminarla, pero no siempre lo consigo.

A mí me cuesta mucho trabajo ser *multitasking*, mucho, porque me distraigo y se me olvida por completo lo que estaba haciendo. Soy de esas personas que no pueden escribir y hablar al mismo tiempo. Esto no quiere decir que de pronto no me encuentre haciendo más de una cosa a la vez. Una de las cosas que más me ha funcionado para que esto no suceda es darle la importancia, un espacio y un tiempo definido a lo que voy a hacer, si lo termino antes paso a la siguiente tarea o me tomo esos minutos extra para descansar un momento. Por ejemplo, si le voy a llamar a mi mamá para saludarla, eso voy a hacer. No le voy a hablar en lo que escribo un correo. Si Cami me habla para contarme de su día, mi atención la tiene al cien por ciento. No como cuando yo le hablo y ella está mandando *mails*, viendo Instagram y solo me dice "qué loco".

NO TIENES QUE HACERLO TODO

El *multitasking* puede resultar muy provechoso para los emprendedores porque te permite que una persona sea responsable de muchas tareas sin tener que contratar un gran equipo, pero debes tener en mente que tu equipo será mucho más eficiente si cada persona está enfocada en un área.

Cuando empezaba a trabajar como reportera yo hacía todas las tareas. Llegaba al lugar de la entrevista, saludaba al entrevistado, sacaba mi tripié y lo acomodaba, después ponía la cámara, enfocaba, le ponía el micrófono al entrevistado y a mí misma, le daba *play* a la cámara, me sentaba junto al entrevistado y hacía la entrevista a cuadro; al final le tomaba unas fotos con la cámara para el impreso y con el celular para más tarde subir a redes sociales. Yo era la camarógrafa, fotógrafa, entrevistadora y *community manager*. Se podía hacer, así lo hacía, pero el margen de error es enorme. Todo puede pasar con la grabación mientras estás haciendo la entrevista y todo se puede perder porque una sola persona no puede tener su completa atención en cuatro tareas distintas al mismo tiempo.

No está mal ser *multitasker*, significa que tienes habilidades para hacer y resolver muchas cosas. Pero conocer cómo funcionan todas las áreas de un proceso no significa que tengas que utilizarlas todas. Está bien que sepas cómo hacer algo, pero no necesariamente tienes que hacerlo tú.

> **"SÉ COMO UN SELLO POSTAL, APÉGATE A UNA COSA HASTA LLEGAR A TU DESTINO".**
>
> Josh Billings

PLANEACIÓN VS. INMEDIATEZ

Hoy en día todo es inmediato. Existe un bombardeo de solicitudes, se cae en la trampa de la urgencia, en donde no se priorizan tareas de manera adecuada. Por un instante hay que parar y pensar, ¿por qué resulta tan difícil cumplir con la planificación?, ¿por qué hay tareas que pasan sin realizarse día tras día?

Esto es consecuencia de la inmediatez, uno de los conceptos más antiguos, pero que más se ha transformado. Todo es para ahora. Se dejó de lado la planificación tradicional y se vive *apagando incendios* o luchando contra la procrastinación; en otras palabras, en posponer tareas por pereza de hacerlas.

Como directores de áreas creativas hemos descubierto que la planeación es una de las partes más importantes del proceso. Lo hemos dicho antes en el libro, pero creemos en el poder de la repetición. Es mejor aprenderlo a base de repetición que a través de una mala experiencia en la vida y en el trabajo.

Si tú no te estructuras, no puedes pedir que el equipo se estructure; aprende a pedir con tiempo lo que se necesita y aprende a trabajar sin urgencia. No utilices esa famosa frase de "era para ayer", si era para ayer lo hubieras pedido hace una semana.

Ahora, hay *bomberazos* en la vida y tu estructura no debe estar cerrada a ellos. Pero cuando salga algo que necesite una resolución urgente, considera que lo demás que tenías planeado sucederá después, no puedes hacer todo al mismo tiempo.

BUSCA EL CÓMO

Mandala

1. Enfócate en colorear este mandala. No hagas nada más que esto. No te distraigas. No te detengas para echarles más agua a los frijoles. No pienses en nada más que en los colores que estás eligiendo. Entrégate completamente al momento.

2. Ahora responde:

¿Cómo te sentiste?

_____

_____

_____

¿Cuántas veces te cachaste pensando en otra cosa?

_____

_____

_____

¿Este ejercicio te relajó o te dio ansiedad?

_____

_____

_____

¿Por qué crees que concentrarte en una sola cosa haya tenido ese efecto en ti?

_____

_____

_____

Singletasking

Estás listo: durante las siguientes 24 horas no hagas más de una tarea a la vez. Son solo 24 horas, de las cuales ocho estarás dormido, ¡puedes hacerlo!

¿Cómo te sentiste?

_____

_____

¿Cuántas veces te cachaste haciendo más de una cosa?

_____

_____

¿Qué efectos tuvo en tus tareas el hacerlas de una en una?

_____

_____

¿Crees que fuiste más o menos productivo? ¿Por qué?
(Si alguien puede que nos pase la receta).

_____

_____

11

VIVIR DE LA CREATIVIDAD SÍ ES POSIBLE

Cam, ¿cuántas veces has dudado de que puedes vivir de tu creatividad?

Todavía lo dudo, por eso sigo con un pie en el *godinato*. ¿Tú?

Hay veces que aún me llega esa vocecita que me dice que no puedo cobrar lo que quisiera cobrar por mi creatividad. Es complicado definir cómo vivir de tu creatividad cuando no hay un tabulador o un esquema económico de cómo saber cobrar por la creatividad. Eso no quiere decir que sea imposible, porque hoy en día tanto tú, Cami, como yo, vivimos de la creatividad. Y este libro es un claro ejemplo.

Seguramente te has encontrado buscando en internet o en redes sociales cuánto cobrar por algún trabajo creativo. Hemos llegado a googlear:

"¿Cuánto cobro por darle mi idea a alguien más?" o "¿Cuánto cobro por escribir un contenido para redes sociales de tres minutos?", y las respuestas van desde 300 hasta 10 000 pesos, o sea, no nos sirven esas respuestas.

Es complicado entender cómo funciona la ahora muy popular economía naranja, que es como se le denomina a la industria creativa, ya que es un sector que vive en constante cambio. Un mal hábito que tenemos es comparar los sueldos de compañías internacionales con pymes; es complicado basarnos en esos números. Lamentablemente también influye mucho la región en donde estamos ejerciendo nuestra creatividad: no es lo mismo crear obras en San Miguel de Allende que en Tlaxcala. Ojo: no tenemos nada en contra de ninguna de estas geografías, pero en cada espacio hay una industria que domina y si en San Miguel es la del arte, ahí se paga mejor por arte.

De cualquier manera, para vivir de la creatividad hay una palabra que es necesario que aprendas y es *vender*. A este punto debes llegar ya con algo. No es este el momento de idear, para eso aterrizaste tus ideas en los capítulos anteriores. Ahora, ten compromiso contigo mismo y confía en tu idea principal. Respétala, no la juzgues, aférrate a ese proyecto que ya tenías y, solo por ahora, no lo dejes volar.

QUÉ VENDES Y A QUIÉN

Aquí podemos entrar en infinidad de detalles, lo que vendes puede ser un producto, tus ideas o incluso tú mismo. También puede ser una mezcla de estas, es decir, puedes venderte a ti como artista y a tu obra.

Antes de acercarte a alguien a ofrecerle tu idea analiza quién es —o quién podría ser— tu público y qué es lo que ese público consume. Analiza todo lo que ya existe en el mercado al que quieres entrar e identifica qué es eso que a ti te hace diferente. Es decir, encuentra la necesidad del público al que planeas llegar, ¿qué estás resolviendo?, y si tu idea se realiza, ¿cómo afectaría a estas personas?

Si existe algún producto o servicio similar a lo que tú quieres hacer pide una cotización o pregunta por el precio de lo que quieres comprar. Pregúntate si estarías dispuesto a pagar eso por dicho servicio o producto, si te parece caro o barato. Analiza todos los *peros* que te llegan a la cabeza y que te harían no comprarlo.

Hay una frase que dice nuestra facilitadora Cecilia Iracheta y que nos encanta: al

momento de comprar algo pregúntate si eso va a crear más para ti, si no, mejor no lo compres.

PONLE PRECIO

Nunca sé cómo hacer esto y siempre termino saliendo por el camino fácil. O sea, preguntándole a la persona que me va a contratar cuánto me pensaba pagar. Aquí siempre pierdo, porque nunca te van a decir su máximo presupuesto. Al contrario, te van a decir el mínimo y la mayoría de las veces lo vas a aceptar porque ya te dijeron que eso te van a pagar y quieres la chamba.

Cam, te he dicho muchas veces que es importante aprender a negociar.

Ha llegado papá Arthur...

¡Pues sí! Solo así escuchas... Como productores siempre vamos a tratar de bajar los costos. Por eso, si nos preguntas a nosotros, te vamos a dar el presupuesto más pequeño.

1. Identifica cuántas horas te toma hacer lo que vas a vender.

2. Analiza cuánto te cuesta hacer tu producto o preparar tu servicio.

3. Define si tu producto o servicio es *premium* o *low cost*.

4. Anota los costos de todo lo que utilizas: programas de trabajo, computadoras, estudios que te han otorgado esa experiencia, etcétera.

5. Haz una división sencilla: divide tu sueldo mensual godín (si no lo tienes cuánto es lo que te estaría pagando mensualmente una empresa por lo que haces) entre los días que trabajas. Ese resultado es lo que ganas por día. Después divide ese resultado entre las horas que trabajas por día. El total será el costo de tu trabajo por hora.

Sueldo mensual	20 000
Días de trabajo al mes	÷ 20
	= 1 000
Horas al día	÷ 8 horas
	= 125 la hora
Horas que tomará el trabajo	× 12
	= 1 500

No te asustes, eso no es lo que tienes que cobrar... Tu empresa godín te paga muy mal.

1. No cobres por hora, cobra por proyecto. Antes de hacer tu presupuesto define muy bien cuánto te vas a gastar en hacerlo, cuánto te va a tomar hacerlo y para cuándo lo quiere tu cliente. No es lo mismo 20 000 pesos en un proyecto de un mes que en uno de tres meses. Lo más recomendable es que saques tus presupuestos por ítems o bloques según el proyecto que necesite tu cliente y a partir de ahí empieces a calcular el precio de tu trabajo.

2. Genera un contrato donde especifiques lo que necesitas como proveedor y cuáles son tus límites por el servicio que estás dando. Si no los cuidas nadie más lo va a hacer por ti. Asegúrate de incluir en el contrato los horarios en los que estarás disponible para tu cliente. Por último, incluye en tu contrato un porcentaje del pago por adelantado y otro al finalizar el proyecto o crea un esquema de pagos durante el proyecto, pero que 100% de tu pago no sea a contra entrega.

3. No olvides que tienes que estar abierto a la negociación porque cada cliente tiene un presupuesto.

Consejo de productor... Depende el sapo la pedrada... De nada.

VÉNDETE

¡Estás listo para vender-te!

 A lo largo de 15 años que llevo en la industria creativa he identificado un común denominador al momento de presentar una idea o proyecto con alguna marca, gobierno o inversionista: si no llegas a la primera reunión con todo lo que involucra la idea no te va a servir de nada. Para vender tu trabajo tiene que estar respaldado por datos, no solo por ideas.

En este punto solemos volar a un mundo de maravillas en donde todo es hermoso, en el que tu puesto de hot dogs (idea principal) se transforma en un *food*

truck de un millón de pesos, con paneles solares y dispensadores electrónicos de cátsup con *sensor touch*. HUSTON: REGRESA.

Ahora imagina que tc gusta alguien que, además de ti, tiene muchos otros pretendientes. ¿Cómo llamas su atención? ¿Qué te diferencia de los otros prospectos? ¿Cuáles son tus cartas? ¿Tienes temas de conversación? ¿Eres atento?, etcétera.

 Si yo tuviera que ligar en estos tiempos (espero nunca regresar a esas arenas de las citas a ciegas y esas cosas) destacaría que me gusta leer y hablar de arte; disfruto la música y el teatro, soy buena cocinando. Soy apapachadora y trabajadora y tengo a la hija más preciosa del mundo y le dedico mucho tiempo porque quiero... ¿tú que ofreces?

 Yo sí ligo en estos tiempos.

 Atención, chicas.

Me gusta el cine, leer, viajar a lugares poco comunes; me interesa la historia; me encantan los espectáculos en vivo. Soy bueno cocinando (de hecho quería estudiar gastronomía antes de lo que estudié)

y haciendo reír a las personas. Les dejo mi número al final de este capítulo. Por cierto, mido 1.70 cm, soy güero, de ojo verde y peso 65 kilos.

 ¿Sí? Hay que ser honestos y realistas al vendernos. ¿Qué le vas a decir a tu cita cuando llegue y vea que mides 1.60 cm?

 Bueno... tienes razón. Mido 1.65 cm, no soy güero y tampoco tengo los ojos verdes, pero sí peso 65 kilos (por la mañana).

Este es un ejemplo muy banal para poder comprender que saber vendernos no es algo que hagamos solo cuando hablamos de negocios, es algo muy personal y lo hacemos todo el tiempo. Pareciera que los negocios se cierran por el potencial del proyecto, pero en la mayoría de los casos se cierran por las personas.

 Ayer empecé a ver la serie de *Silicon Valley* en HBO y justo pasa eso en el primer capítulo. Hay un chavo al que una compañía le quiere solo comprar su idea por 10 millones de dólares y otra compañía lo quiere a él en el paquete. Valoran la idea, pero lo más atractivo es la persona que la desarrolló.

Entonces, es importante que conozcas lo que tu persona le suma al proyecto o producto que estás vendiendo. Hoy en día se le conoce como *habilidades blandas* a esa serie de competencias sociales que facilitan a las personas la relación con sus semejantes, por ejemplo: paciencia, facilidad en las relaciones interpersonales, atención al detalle, apertura hacia los demás, capacidad de escucha, inteligencia emocional, manejo de conflictos, pensamiento analítico y crítico, por mencionar algunas. Estas son habilidades, por lo que se pueden trabajar, crecer, mejorar e incluso desarrollar desde cero. Esas habilidades blandas que posees son el aderezo de tu gran idea y es importante que recurras a ellas a la hora de presentar tu proyecto.

Por ejemplo, antes de cualquier cosa tienes que aprender a hablar y hacer relaciones públicas. En este mundo en el que vivimos la moneda de cambio es el dinero y la forma de comunicarnos es la palabra y la escritura. Entender que son herramientas indispensables para establecer una comunicación con otros nos obliga a trabajar esas habilidades.

EVITA EL *PERO*

Ya identificaste tus habilidades blandas, ya tienes tu producto o proyecto listo para vender, ya tienes datos, números, proyecciones, un plan de acción. Ahora, no te busques el *pero* de tu posible socio:

- Me encanta la idea, peeero llegaste tarde a la junta.
- Me encanta la idea, peeero no llegaste muy preparado.
- Me encanta la idea, peeero no te bañaste para venir a la reunión.
- Me encanta la idea, peeero eres muy informal.

No dejes que una actitud, falta de seriedad o de compromiso sean un obstáculo para realizar tus proyectos e ideas.

Tengo una anécdota. Íbamos a hacer la campaña publicitaria para uno de los bancos más importantes de México. Llevábamos más de cuatro meses en reuniones para poder vender la idea que traíamos. Fueron juntas y juntas y... juntas con ejecutivos, directores de área y con personas creativas para poder aterrizar la idea. Después de todo ese camino recorrido, un día nos dice el director de la empresa en México que se había logrado el objetivo, firmaríamos el contrato al día siguiente con el director

de Latinoamérica. Era un contrato de millones de pesos. La noche antes de la firma mi jefe decide irse de fiesta para celebrar.

Al día siguiente, eran las nueve de la mañana (la hora a la que quedamos de iniciar la junta para firmar el contrato), en la sala estábamos el director de la empresa en Latinoamérica, el director de México, algunos directivos de área y yo, esperando a que llegara mi jefe. 9:05: todo sereno, todos esperando. 9:15: el director general se levanta de su silla y nos dice: "Si tu jefe no tiene el compromiso de llegar temprano para cerrar este tipo de contratos menos lo va a tener para entregar esta campaña publicitaria en tiempo y forma. Dile que muchas gracias por hacerme esperar". 9:30: me contesta mi jefe, crudo, diciendo que se quedó dormido.

 Ouch...

BUSCA EL CÓMO

Vende

1. Escribe aquí qué es lo que quieres vender.

_____

_____

2. Escribe a quién les quieres vender y hacia qué tipo de persona está dirigido tu producto o servicio.

_____

_____

3. Ponle precio.

_____

_____

4. Escribe tus cualidades personales y cómo pueden aportar a tu proyecto, producto o servicio.

_____

_____

5. Ármate un *pitch* de menos de cinco minutos. Para quienes van a escucharte es importante que seas claro y conciso, no eres el único que está vendiendo y no eres el único que será escuchado.

---

6. Una vez que tengas tu *pitch* pruébalo con cuatro personas diferentes (trabajo, familia, un desconocido y un amigo).

> **"NO ES DE DÓNDE TOMAS LAS COSAS, ES A DÓNDE LAS LLEVAS".**
>
> Jean-Luc Godard

	FAMILIAR:	AMIGO:	COMPAÑERO DE TRABAJO:	DESCONOCIDO:
REACCIONES:				
OBSERVACIONES:				

12

FAQ: CUÁNTOS, CÓMOS Y PORQUÉS DE NUESTROS PROCESOS CREATIVOS

Durante nuestro recorrido en la industria creativa nos hemos enfrentado a distintos retos y aventuras. Hemos desarrollado estrategias, cuidado equipos y posicionado marcas y proyectos. Nos ha tocado trabajar con marcas internacionales y nacionales y, por ello, nos hemos involucrado en procesos operativos muy distintos en cada una de ellas. Es importante recalcar que cada proyecto se trabaja diferente y eso es lo que nos hace ejercitar el músculo creativo.

En el episodio 15 de la segunda temporada del pódcast *Busca el cómo* Stephania García nos dijo: "Enamórate del problema, no de la solución". Es eso: ¡tienes que estar abierto al cambio!

En este capítulo responderemos algunas de las preguntas que con más frecuencia nos han hecho otros creativos.

CÓMO CONCENTRARTE

CAM: Encuentro un lugar silencioso, me pongo mis audífonos con música clásica o *lo-fi*, enciendo una vela y escondo mi celular para que no me distraigan las notificaciones. En pocas palabras, me aíslo de todos y de todo.

ARTHUR: Suelo encerrarme en mi oficina y cerrar la puerta. Suelo dejar mis celulares con la pantalla hacia abajo. No me pongo ninguna música de fondo, ya que, si lo hago, en automático empiezo a cantar o bailar.

CÓMO EVADIR TODO Y ADENTRARTE EN TU CREATIVIDAD

ARTHUR: No puedes evadir todo.

CAM: Ni quieres.

Más que evadir, nos encargamos de que todo lo que tenemos que hacer en el día quede resuelto, o delegado, antes de que busquemos el espacio para concentrarnos y entrar en contacto con nuestra creatividad. Para entrar en tu creatividad siempre te tienes que incentivar del exterior y del interior.

CAM • ARTHUR • KILLER QUAKE

CÓMO SABER SI ALGO QUE YO CREÉ ES REALMENTE CREATIVO

ARTHUR: Todo lo que creamos es creativo, pero no todo lo que creamos es creativo para la industria. Un producto o idea creativa lo definirá el consumidor o la audiencia. Tampoco todo lo creativo es innovador.

CAM: A menos que lo que creaste sea la copia exacta de otra cosa, creo que todo lo que creas es creativo.

SEGUIR ADELANTE CUANDO SIENTES QUE YA SE TE ACABARON LAS IDEAS

ARTHUR: Las ideas llegan todo el tiempo, nuestra mente nunca está en blanco. El verdadero problema es qué ideas vas a tomar para poder crear. Incentivar las ideas es un trabajo que hago todos los días y suelen estar acompañadas por momentos con amigos, colegas o pueden llegar de una serie o película; incluso las mejores ideas me han llegado mientras me baño. Si te bloqueas con las ideas, date una pausa y ve a hacer tu actividad favorita. Yo suelo ir a caminar o jugar videojuegos.

CAM: Nunca se acaban las ideas, pero a veces no nos llegan. En esos casos yo las busco. Me siento en mi computadora a ver Pinterest o Instagram, salgo a dar una vuelta caminando con mi perrita, hablo por teléfono con algún amigue o visito el estudio de alguno de mis amigos artistas. Me lleno de estímulos creativos y así le digo al universo que estoy lista para recibir nuevas ideas.

DISCIPLINA E INSPIRACIÓN

La disciplina es lo más importante para que llegue la inspiración. Esa frase cliché de que la inspiración te tiene que encontrar trabajando es cien por ciento real. Y mientras más trabajes con constancia más inspiración tendrás. Deja de jugarle al pensamiento mágico o al ideal del creativo que de pronto es golpeado por la inspiración y ponte a trabajar en encontrarla.

CAM • ARTHUR • KILLER QUAKE

EQUILIBRIO ENTRE SER HUMILDE Y RECONOCER CUANDO HACES ALGO CHINGÓN

CAM: Todo lo que hago es chingón.

ARTHUR: Me encanta tu humildad.

CAM: Bueno, sí soy humilde, reconozco que un trabajo chingón puede mejorar, pero eso no le quita lo bueno... Simplemente no creo que apreciar mi propio trabajo signifique que no soy humilde. Porque puedes ser una persona humilde y reconocer que haces un buen trabajo. No entiendo qué creativo se pondría a vender una idea o un trabajo que no le parezca chingón.

ARTHUR: Encontrar un equilibrio en tu ser es algo difícil y es un viaje constante que tengo todos los días. Debo mencionar que cuando empecé a trabajar en este medio del entretenimiento se me subió cañón y fui la persona más egocéntrica y mamona. Yo veía que a mis jefes les funcionaba esa actitud y traté de imitarla, pero a mí no me funcionó. Entendí que si eres una mejor persona contigo mismo, las cosas funcionan mejor. Hoy soy más consciente de mis acciones al momento de generar un proyecto y cuando este sale bien y es aplaudido por masas, lo único que llega a mi mente es: gracias por permitirme conectar con tanta gente y poder darles unas horas de entretenimiento y conocimiento.

¿QUÉ PASA CUANDO TODO FALLA?

CAM: Es una emocionante oportunidad para reinventarte. Mi maestro, Ram Dass, dice que "el sufrimiento es el mejor maestro" y es que en la comodidad no aprendemos nada. Solo cuando todo falla tenemos la oportunidad de observar por qué falló todo y de volver a hacerlo con una nueva conciencia. No veas las fallas como una derrota, velas como una oportunidad de explorar nuevos caminos.

ARTHUR: Llora y chíngate un helado. Después de eso busca dónde te puedes apapachar. Dar y recibir amor es importante para mí y mis procesos, a veces los días y los proyectos no salen como tú quieres o como te los habías imaginado. No todo tiene que ser una obra de arte y no todo lo que creas será bien recibido.

Fallar es un escalón más de la escalera que estamos subiendo todo el tiempo. A veces tenemos que pasar por esos espacios para poder conectar con otros lugares que no hemos visitado. Velo como una oportunidad de poder empezar y no como un fallo, no te hables feo por haber caído en esa casilla del juego. Solo vuelve a tirar los dados, en una de esas la nueva idea puede hacer que avances 12 casillas en una sola tirada.

SENTIRTE CÓMODO CON IDEAS SIMILARES A LA TUYA QUE YA EXISTEN

Si algo ya existe y nuestra idea es idéntica, no era nuestra. Si algo ya existe y es parecido a lo que tenemos en mente, tratamos de ver cuál es el diferenciador y qué tanto provecho podemos sacar de eso. Solo si el diferenciador es realmente relevante, seguimos con esa idea; si no, buscamos otras. Recuerda que las ideas no son de quien las tiene, son de quien las hace y si alguien más ya la hizo, mejor cambia de idea.

CAM • ARTHUR • KILLER QUAKE

EQUILIBRIO ENTRE LO QUE TE APASIONA Y UN TRABAJO GODÍN

ARTHUR: Cuando tenía 17 años un amigo de mi papá decidió darme la oportunidad para poder empezar a trabajar con él en una empresa de sistemas. Era algo que yo quería porque es lo que comenzaba a posicionarse en el mundo laboral y obvio tenía toda la intención de subirme a esa tendencia para no quedarme fuera y ser un desempleado toda mi vida, pero la sorpresa al llegar a esa oficina fue distinta. El primer día me dieron unos manuales que tenía que leer (que por cierto estaban en alemán) y me metieron a una oficina oscura donde se encontraban cuatro personas con el típico estereotipo nerd que nos muestran en las películas: sentados en sus escritorios y programando en las computadoras, con lentes y con alguna golosina en su escritorio. En ese momento decidí ir a ver al amigo de mi papá que era el jefe de esa oficina para decirle que no entendía nada y que si me podía cambiar de lugar, porque no me gustaba la vibra de ese cuartito tenebroso.

No duré ni dos días en ese trabajo y les conté a mis papás que no quería trabajar toda mi vida sentado como esas personas; eso no me hacía feliz. Me di cuenta de que no era la vida que yo quería tener. Ojo: todavía años después seguí trabajando en el mundo godín, pero eso no me quitó las ganas de aprender y buscar esos espacios que me apasionaban, así que cuando salía de mis trabajos iba como asistente de producción a algunas obras de teatro, tomaba cursos culturales y me gustaba ir a ver teatro o espectáculos en vivo. Puede sonar muy complicado y nada lindo trabajar en oficina, pero si es algo que tienes que hacer, encuentra un equilibrio para no volverte loco.

CAM: Mi trabajo godín me apasiona, pero no tanto como sentarme a escribir ficción. Mi trabajo me da de comer y escribir ficción no. Reconozco que en este momento de mi vida necesito ambas cosas para sobrevivir y ser feliz. Para hacer las dos cosas debo de ser muy organizada y no permitir que las horas extras en la chamba godín se consuman mis momentos de escritura y creatividad. Todo ese balance lo consigo con un calendario minuto a minuto de mi día, respeto ese calendario, lo sigo y si sale un *bomberazo* que me vaya a desequilibrar, dedico unos momentos a reconfigurar mi horario para poder reponer esas horas que le quité a mi pasión.

> **SI QUIERES LIMPIAR EL MUNDO, EMPIEZA POR TU PROPIA HABITACIÓN.**

Este libro existe para ayudarte en tus procesos creativos y en la vida diaria. Lo escribimos con toda la intención de recordarte que lo que se disfruta es el proceso, no tanto el llegar a la meta.

No dejes de crear, de levantarte, de buscar colaboraciones y de mostrar tu autenticidad, eso que tienes que te hace único. No olvides que el miedo es un distractor, no dejes que te distraiga, mejor transítalo, supéralo, véncelo.

Busca el cómo es una comunidad; tú y nosotros estamos en el mismo barco.

Sigamos buscando el *cómo* de nuestros procesos creativos.

AGRADECIMIENTOS

AGRADECIMIENTOS DE ARTURO

A mis papás, Erika y José Arturo, por darme ánimos todo el tiempo, entenderme y apoyarme en mis locuras. Los amo.

A mi hermano, Erick, por inspirarme, acompañarme y ser un apoyo fundamental en mis procesos.

A mis abuelos, Mercedes, María de la Luz y Alberto, por echarme porras en todo lo que hago y acompañarme en todos mis proyectos.

A todos mis terapeutas y compañeros de viaje, gracias por cuidarme siempre, Sandra Mendoza, Ceci Iracheta, Ing. Rafael, Joanne Joloy, Paola Barrientos y Alejandrina Talavera. Son lo máximo.

A mi mano derecha y amiga, Daniela López, por ser la compañera que siempre busqué, por tu profesionalismo y por ser la base para que se logren mis proyectos.

A mi socio y amigo, Héctor Templeton, por ser un compañero y una inspiración en todos los sentidos.

A Alejandrina Rueda, por apoyarme en mis sueños y acompañarme en los procesos más complicados de mi vida, gracias por el respaldo y el cariño.

A todos mis amigos, por su cariño, apoyo y amor.

A mi socia y amiga de vida, Camila Sánchez, por ser una inspiración y querer acompañarme en este viaje creativo.

A Rodrigo Solís, por crear magia desde su estudio.

A Ceci, por acompañarme, enseñarme y guiarme a nuevos caminos de vida. Gracias por tanta paz.

A todos mis primos y tíos de las diferentes familias, Rosales, Saldívar y Arellano por enseñarme que el amor es la fuerza más importante para lograr todo lo que nos proponemos.

Y a todo el equipo de *Busca el Cómo*, que sin ustedes este proyecto no sería realidad.

A mi editora Ana María Bermúdez, por darle coherencia y estructura a mi escritura.

A David García, por confiar y darnos la oportunidad de vivir este viaje.

AGRADECIMIENTOS DE CAMILA

A Alberto y Marcela, por apoyar siempre mis deseos de ser escritora.

A Rodrigo, por inspirarme, acompañarme y apoyarme en cada aventura. Gracias por detonar mi creatividad, por crear a mi lado. Te amo.

A todes mis amigues creatives, gracias por inspirar y aplaudir a mi yo más auténtica. ¡Que sigamos colaborando, compartiendo y co-creando!

A Arthur, por soñar, crear, resolver, producir e inventar en equipo.

A Dany, Jaffet, Incident, communities, Sandri, Ceci y todo el equipo –pasado, presente y futuro– de *Busca el Cómo*, que nunca dejemos de buscar el cómo sí hacer todo lo que somos capaces de imaginar.

BIBLIOGRAFÍA

CAPÍTULO 1

Huidobro-Salas, T. (2002). *Una definición de la creatividad a través del estudio de 24 autores seleccionados.* [Tesis doctoral, Facultad de Psicología, Universidad Complutense de Madrid]. https://docta.ucm.es/entities/publication/700de7a7-ec82-4ba6-aaa0-d3c9e9287f5e.

The Workforce Institute @UKG. (2023). *Mental Health at Work: Managers and Money.* UKG Global Survey.

CAPÍTULO 2

Juvenal. (1996). "Sátira X". *Sátiras.* Gredos.

Park, B. J. *et al.* (2010). "The Physiological Effects of Shinrin-Yoku (Taking in the Forest Atmosphere or Forest Bathing): Evidence from Field Experiments in 24 Forests Across Japan". *Environmental Health and Preventive Medicine*, 15(1), 18-26. https://doi.org/10.1007/s12199-009-0086-9.

Redacción BBC Mundo. (17 de julio de 2017). "Qué es shinrin yoku, la práctica japonesa de los 'baños forestales' que gana adeptos en el mundo". *BBC Mundo*. https://www.bbc.com/mundo/noticias-40608179.

CAPÍTULO 3

El País. (12 de julio de 2023). "¿Te has preguntado alguna vez quién inventó la maleta con ruedas? Esta es la historia de sus inventores". TikTok. https://www.tiktok.com/@elpais/video/7254865811737791771.

Mark, G. (2023). *Attention Span: A Groundbreaking Way to Restore Balance, Happiness and Productivity*. Hanover Square Press.

Ventura, D. (29 de octubre de 2017). "¿Dónde se inventó la rueda y por qué tardó tanto en aparecer?". *BBC Mundo*. https://www.bbc.com/mundo/noticias-41728685.

CAPÍTULO 4

Entrevista con la maestra en psicología Sandra Mendoza el 12 de enero de 2024.

Lumera, D., e I. De Vivo. (2023). *Biología de la gentileza*. Diana, p. 215.

Cutler, R. J. (2020). *Dear* (temporada 1, episodio 8). Apple TV.

CAPÍTULO 5

Entrevista a Jorge Fajardo en diciembre de 2023.

Page, M. (s. f.). "¿Padeces el síndrome del impostor?". https://www.michael page.com.mx/advice/carrera-profesional/desarrolla-tu-potencial/%C2%BFpadeces-el-s%C3%ADndrome-del-impostor#:~:text=El%20s%C3%ADndrome%20del%20impostor%2C%20a,autoestima%200%20falta%20de%20confianza.

CAPÍTULO 6

Harvard School of Public Health. (s. f.). *Immaculata De Vivo*. https://www.hsph.harvard.edu/profile/immaculata-de-vivo/.

Jodorowsky, A. (1995). *Psicomagia*. Siruela, De Bolsillo.

Lumera, D., e I. De Vivo. (2023). *Biología de la gentileza*. Diana, pp. 319-320.

CAPÍTULO 7

INEGI. (16 de mayo de 2022). "Estadísticas a propósito del Día Mundial del Internet (17 de mayo): Datos nacionales" [comunicado de prensa]. https://www.inegi.org.mx/contenidos/saladeprensa/aproposito/2022/EAP_Internet22.pdf.

Manson, M. (2018). *El sutil arte de que (casi todo) te importe una mierda*. HarperCollins.

CAPÍTULO 8

Entrevista con Cecilia Iracheta en diciembre de 2023 y enero de 2024.

Gilbert, E. (2016). *Libera tu magia*. Océano.

CAPÍTULO 9

Entrevista con la maestra en psicología, Sandra Mendoza. el 12 de enero 2024.

Ram Dass. (2013). *Polishing the Mirror*. Sounds True.

CAPÍTULO 16

Cutler, R. J. (2022). *Dear* (temporada 2, episodio 4). Apple TV.

Peña González, E. (21 de enero de 2023). "Las consecuencias que trae el multitasking para el cerebro y el desempeño, según la neurociencia". https://www.linkedin.com/pulse/las-consecuencias-que-trae-el-multitasking-para-y-la-pe%C3%B1a-gonz%C3%A1lez/?original Subdomain=es.

Redacción National Geographic. (14 de noviembre 2022). "Cómo nos afecta el multitasking: 3 efectos de la multitarea". *National Geographic.* https://www.nationalgeographicla.com/ciencia/2022/11/como-nos-afecta-el-multitasking-3-efectos-de-la-multitarea.

Zack, D. (2016). *Una cosa a la vez.* Empresa Activa.

ÍNDICE